장자,
닭이 되어 때를
알려라

SOSHI: NIWATORI TO NATTE TOKI WO TSUGEYO

by Takahiro Nakajima

ⓒ 2009 by Takahiro Nakajima

First published 2009 in a series SHOMOTSU TANJO by Iwanami Shoten, Publishers, Tokyo.
This Korean edition published 2010 by Guelhangari Publishers, Paju by arrangement with the
proprietor c/o Iwanami Shoten, Publishers, Tokyo.

장자, 닭이 되어 때를 알려라

書物誕生

책의 탄생: 새로운 고전 입문

나카지마 다카히로 지음 ─ 조영렬 옮김

글항아리

일러두기

1. 『장자』 인용은 『장자집석莊子集釋』(전4책, 곽경번郭慶藩 찬撰, 왕효어王孝魚 점교點校)에 의한다. 또한 번역은 기존의 일본어역을 참조했지만, 모두 필자의 졸역이다.

2. 일본어역이 있는 외국어 문헌에 관해서는 기존 번역을 따랐다. 일본어역이 없는 외국어 문헌은 모두 필자의 졸역이다.

3. 고딕체에 의한 강조는 필자의 것이고, 원저자에 의한 강조는 밑줄로 표시했다.

3. [ ]은 원번역자가, 〔 〕은 필자가 보충하여 넣은 것이다.

한국어판 일러두기

1. 일본어판에는 인용한문의 원문이 없지만, 한국어판에서는 대부분의 원문을 번역문 아래에 덧붙였다.

2. 『장자』 인용문 표점은 원칙적으로 『장자집석』(전4책, 곽경번 찬, 왕효어 점교)을 따랐지만, 저자의 번역문에 맞추어 수정하거나 한국의 관례에 따라 수정한 곳이 더러 있다. 나머지 한문 인용도 마찬가지이다.

3. 『장자』의 편명에는 한자를 병기하지 않았다. 책 말미에 있는 『장자』 편명 일람을 참고하기 바란다.

4. 각주는 모두 역자가 붙인 것이다. 본문의 단어 가운데 짧은 설명을 붙인 곳이 더러 있는데, 그 경우는 따로 표시하지 않았다.

『장자』를 좋아하는 유명 인사를 들자면, 최근의 일본인 가운데
서는 유카와 히데키湯川秀樹(1907-1981)를 빼놓을 수 없다. 유카
와는 소년 시절에 『장자』를 유독 좋아하여, 몇 번이고 되풀이해
서 읽었다고 술회하고 있다. 그리고 연구자가 되어 소립자를 생
각할 때에 문득 『장자』의 한 구절이 떠올랐다. 그것은 「응제왕」
편에 나오는 '혼돈渾沌의 우화'였다. 유카와는 이렇게 번역하고
있다.

남쪽 바다의 제왕은 숙儵, 북해의 제왕은 홀忽이라 한다. 숙과 홀
은 둘 다 '매우 빠르다' '빨리 달린다'라는 의미인 듯하다. 숙홀儵
忽을 한마디로 말하면, '금세' 혹은 '잠깐'이라는 뜻이다. 중앙의
제왕은 혼돈渾沌이라 한다.
언젠가 북쪽과 남쪽의 제왕이 혼돈의 영토에 와서 함께 만났다.
혼돈은 숙·홀 두 사람을 진심으로 환대했다. 숙과 홀은 그 보

답으로 무엇을 하면 좋을지 상의했다.

"인간은 모두 일곱 개의 구멍을 갖고 있다. 눈·귀·입·코, 그 것으로 보고 듣고 먹고 숨을 쉰다. 그런데 이 혼돈만은 밋밋하 게 아무것도 없다. 대단히 불편할 것이다. 참 안되어 보이니 답 례로 시험 삼아 구멍을 뚫어주자."

그러고는 매일 하나씩 구멍을 뚫었다. 이레가 지나자 혼돈은 죽 고 말았다.

南海之帝爲儵, 北海之帝爲忽, 中央之帝爲渾沌. 儵與忽時相與遇於混 沌之地, 混沌待之甚善. 儵與忽謀報渾沌之德, 曰: "人皆有七竅, 以視 聽食息, 此獨無有, 嘗試鑿之." 日鑿一竅, 七日而渾沌死. (유카와 히데 키, 「장자」, 『유카와 히데키 저작집 6 : 독서와 사색』, 24쪽)

더 나아가 유카와는 이 혼돈의 우화에 최첨단 소립자론을 포 갠다.

최근 들어 이 우화가 전보다 더욱 재미있게 와 닿았다. 숙과 홀 모두 소립자 같은 것이라 생각해본다. 그들이 각각 제멋대로 달 리고 있으면 아무 일도 일어나지 않지만, 남쪽과 북쪽으로부터 와서 혼돈의 영토에 함께 있게 되었다. 소립자의 충돌이 일어났 다. 이렇게 생각하면 일종의 이원론이 되겠지만, 어쩌면 혼돈이 란 소립자를 받아들이는 시간·공간 같은 것이라 할 수 있다. 이런 해석도 가능할 듯하다. (같은 책, 25쪽)

물론 현대과학의 최첨단 논의에 『장자』의 아이디어를 그대로 적용할 수 있다고 말하는 것은 아니다. 그래서는 노장사상에 심취한 프리초프 카프라Fritjof Capra의 『따오 자연학』(The Tao of Physics, 1975)* 같은 뉴사이언스의 논의와 다를 것이 없다. 그것과는 달리, 유카와는 소립자의 구조를 합리적으로 설명하기 위해 '지금까지 유지되어온 상식의 틀을 깬 기묘한 사고방식', 즉 극단적인 과학실증주의도 아니고 극단적인 실증주의 비판도 아닌 사고법을 『장자』에서 얻었던 것이다.

　　장자가 물고기의 즐거움을 안 것처럼 간단하지는 않겠지만, 언젠가는 소립자의 마음을 알았다고 말할 수 있는 날이 오리라고 생각한다. 하지만 그러기 위해서는 지금까지 유지되어온 상식의 틀을 깬 기묘한 방식으로 사고해야 하는지도 모른다. 그러한 가능성을 미리부터 배제해서는 안 될 것이다. (유카와 히데키, 「지어락知魚樂」, 『유카와 히데키 저작집 6 : 독서와 사색』, 56-59쪽)

　　여기서 언급된 '물고기의 즐거움을 안다'는 말은 『장자』 「추수」 편에 나오는 말이다.** 유카와는 그것을 다음과 같이 번역하고 있다.

----

* 프리초프 카프라 지음, 이성범 옮김, 『현대 물리학과 동양사상(개정판)』, 범양사, 2006.
** 제II부 4장에 이 부분의 저자 번역이 실려 있다. 거기에서 저자는 '물고기의 즐거움' 을 자세히 다루고 있다.

언젠가 장자가 혜자와 함께 강가를 산책하고 있었다. 혜자는 아는 게 많고 따지기를 좋아하는 사람이었다. 두 사람이 다리 위에 막 닿았을 때 장자가 말했다.

"물고기가 수면 위로 나와 유유히 헤엄치고 있다. 저것이 물고기의 즐거움이로구나."

그러자 혜자가 금세 반박했다.

"자네는 물고기가 아니네. 물고기의 즐거움을 알 리가 없지 않은가."

장자가 말했다.

"자네는 내가 아니네. 내가 물고기의 즐거움을 모른다는 것을 어떻게 안단 말인가."

혜자는 잘 걸렸다는 듯 말했다.

"나는 자네가 아니네. 그러니 물론 자네를 모르지. 자네는 물고기가 아니야. 그러니 자네가 물고기의 즐거움을 알 리 없지. 어떤가, 내 말에는 빈틈이 없지 않은가."

그러자 장자가 대답했다.

"잠깐 이야기의 원점으로 돌아가보지 않겠나. 자네가 나에게 '자네가 어떻게 물고기의 즐거움을 알겠는가'라고 물은 시점에 이미 자네는 내가 물고기의 즐거움을 아는지를 알고 있었네. 나는 다리 위에서 물고기를 보고 알았다네."

莊子與惠子遊於濠梁之上. 莊子曰: "儵魚出遊從容, 是魚之樂也." 惠子曰: "子非魚, 安知魚之樂?" 莊子曰: "子非我, 安知我不知魚之樂?" 惠子曰: "我非子, 固不知子矣. 子固非魚也, 子之不知魚之樂, 全矣."

莊子曰: "請循其本. 子曰 "汝安知魚樂云者, 旣已知吾知之而問我, 我知之濠上也." (같은 책, 56-57쪽)

물고기의 즐거움을 아는 일이 소립자의 마음을 아는 것보다 간단한지는 모르겠다. 또한 이것이 '상식의 틀을 깬 기묘한 사고법'인지도 유보하고 싶다. 그렇더라도 『장자』의 힘은 대단해서 멀고 먼 시대와 지역, 그리고 장르를 뛰어넘어 유카와 히데키에게 가 닿은 것이다.

이렇게 생각을 불러일으키는 『장자』의 힘 한 자락이라도 잡고 싶어서 본서에서는 우선 제I부에서 『장자』가 동서고금의 독자에게 어떠한 충격을 주었는지 대강 살펴보려 한다. 그중에서 내가 힘을 기울인 것은 아무래도 접할 기회가 적은, 서양의 중국 연구자들이 논하는 『장자』의 모습을 소개하는 작업이다. 『장자』는 이미 동양의 전유물이 아니라 세계의 유산으로 계승해야 할 고전이 되어 있다.

제II부에서는 제I부에서 제시된 『장자』 독해의 문제 구성에 입각하여 새로운 『장자』 해석을 제안하려 한다. 그것은 종래의 해석을 비판한다기보다는 오히려 『장자』가 지닌 풍부한 가능성을 현재의 독자들이 맛보았으면 하는 바람에서이다. 그것은 내 나름의 방식으로 '이제까지 유지되어온 상식의 틀을 깬 기묘한 사고법'을 시도해본 것이다. 그래서 바라기는, 이 작업이 본서를 손에 쥐어든 독자 한 사람 한 사람에게 '소립자의 마음'이 아닌 '장자의 마음'을 만나는 계기가 된다면 다행이겠다.

나의 외로움을 달래준 나카지마의 책

『장자』는 우리에게 고전이다. 2000여 년의 시간에도 불구하고 이 책은 아직도 우리에게 울림을 주고 있기 때문이다. 「제물론」 편에 등장하는 역동적인 대목이 하나 기억난다. 거센 바람이 불어 다양한 모양으로 이루어진 구멍들이 다채로운 소리를 낸다는 내용이다. 『장자』는 아직까지 그 힘이 죽지 않은 거대한 바람과 같다. 이 바람과 마주친 2000여 년 동안 수많은 사람들이 다양한 소리를 내지 않을 수 없을 정도였다. 물론 나도 예외는 아니었다. 2007년 장자라는 바람은 내게서 『장자, 차이를 횡단하는 즐거운 모험』이라는 소리를 강제했다. 2010년 오늘 장자라는 바람을 강하게 맞은 한 사람을 더 추가해야 할 것 같다. 바로 이 책의 저자 나카지마 다카히로이다. 그의 소리는 『장자, 닭이 되어 때를 알려라』에 울려 퍼지고 있다.

나카지마의 이 책은 크게 두 부분으로 구성되어 있다. 제Ⅰ부는 '책의 여로―『장자』 동서고금'이라는 제목이 붙어 있다. 이 부분에서 그는 장자라는 거대한 바람이 2000여 년 동안 중국, 일본, 그리고 서양에서 얼마나 다채로운 소리들을 만들어냈는지 풀어내고 있다. 각 시대, 혹은 각 문화권은 저마다의 모양과 깊이에 따라 이채로운 소리를 내지 않을 수 없는 법이다. 나카지마가 앞 세대의 소리들을 섬세하고 친절한 문체로 잘 풀어주는 진정한 속내는 무엇일까? 그건 앞으로 자신이 낼 소리가 자신만의 것임을 보여주려는 복선이라고 할 수 있다. 그래서 '작품세계를 읽다―물화物化의 핵심을 둘러싸고'라는 제목이 붙은 2부가 1부로부터 바통을 바로 이어받는 것이다.

나카지마라는 구멍이 내는 소리는 부제가 말해주는 것처럼 '물화'라는 테마로 아름답게 울려 퍼진다. 「제물론」은 다양한 바람 소리에 대한 에피소드에서 시작하여 그 유명한 장자의 나비꿈 이야기로 마무리되는 편이다. 나비꿈 이야기는 다음과 같다. "언젠가 장주가 꿈에 나비가 되었다. 펄펄 나는 나비였다. 스스로 즐겁고 유쾌했다. 장주인 줄은 몰랐다. 퍼뜩 깨어보니 장주였다. 장주가 꿈을 꾸어 나비가 된 것인지, 나비가 꿈을 꾸어 장주가 된 것인지를 알지 못했다. 장주와 나비는 반드시 구별이 있을 것이다. 그러므로 이것을 물화라고 한다."

나비꿈 에피소드는 불변하는 장주와 불변하는 나비라는 구분을 절대적인 변화의 지평에서 해체하는 이야기로 독해되어왔다. 이런 독해에 따르면 물화, 즉 사물의 변화는 개체적인 진리라기보다는 더 우월한 초월적인 진리라고 할 수 있다. 그렇지만 영민한 나카지마는 "장주와 나비는 반드시 구별이 있을 것이다"라는 구절에 주목한다. 장자 본인이 장주와 나비 사이에는 구별이 있다고 하지 않는가? 그래서 나카지마는 물화를 초월적인 이야기가 아니라, 장자가 나비로 혹은 나비가 장자로 변형되는 생성이라는 내재적 이야기로 풀어내려고 한다. 다시 말해 장자는 단순히 변화 자체가 아니라 생성이라는 사태에 주목했다는 것이다.

창조가 없음에서 있음을 만드는 작용이라면, 생성은 있음에서 새로운 있음으로의 이행을 가리키는 개념이다. 어떤 개체는 타자와 관계를 맺으면서 이전과는 다른 개체로 변형될 수 있다. 이것이 바로 생성이다. 예를 들어 비는 온도와 같은 다양한 타자적 조건들과 마주치면서 눈으로 변형된다. 이때 우리는 비가 눈으로 생성되었다고 이야기할 수 있다. 나카지마에 따르면 이 생성의 논리가 응축되어 있는 장자의 개념이 바로 물화라는 개념이다. 그는 장자가 나비로 변한 사태, 장자가 물고기의 즐거움을 알게 된 사태, 그리고 장자가 죽음의 즐거움을 알게 된 사태를 주목한다. 이것은 그가 타자와의 관계와 그로부터 발생한 생성의 논리를 엿보려 했다는 것을 보여준다.

나카지마의 말을 직접 들어보자. "나와 이 세계는 타자와의 가까움에서 성립되는 것이다. (…) 그것[=물화]은 타자에게 열려 있는 것이고 동시에 나를 자동성[=자기동일성]으로부터 해방시키는 것이기도 하다." 바로 이 대목에서 나카지마는 현대 프랑스 철학자 질 들뢰즈와 만나게 된다. 아마 들뢰즈를 만나자마자 그의 뇌리에는 『천 개의 고원』에서 들뢰즈와 가타리가 다음과 같이 전개한 생성의 논리가 각인되었을 것이다. "화가나 음악가는 동물을 모방하는 것이 아니다. 화가나 음악가가 동물이 '됨'과 동시에, 동물도 대자연과의 협조가 궁극에 달한 지점에서 자기가 되고 싶은 것이 '된' 것이다. 생성변화는 늘 둘을 짝으로 삼아 일어난다는 것, 그리고 '되는' 대상도 '되는' 당사자도 동시에 생성변화를 이룬다는 것."

드디어 우리는 나카지마가 왜 자신의 책에 "닭이 되어 때를 알려라"라는 제목을 달았는지 이해하게 된다. '닭이 된다는 것'은 우리가 새로운 주체로 생성되었다는 것을, 그리고 '닭이 되어 알리는 때'는 새로운 주체에게는 새로운 세계가 열린다는 것을 의미했던 것이다. 하긴 새벽, 혹은 새로운 세계를 알리는 새벽닭만큼 새로운 주체의 탄생을 알리는 강렬한 은유도 없다고 할 것이다. 어쩌면 나카지마라는 구멍에는 장자라는 거대한 바람에 들뢰즈라는 강렬한 바람이 뒤섞여 바람 소리를 내고 있는지도 모를 일이다. 그렇지만 무슨 상관이란 말인가? 새로운 바람과 마주치면서 새로운 소리를 내게 되는 것이야말로 바로 나카지마나 들뢰즈, 그리고 장자가 그렇게도 강조했던 생성의 사례라고 할 수 있으니 말이다.

2007년 『장자, 차이를 횡단하는 즐거운 모험』에서, 그리고 그 이전 2003년에 『장자, 타자와의 소통과 주체의 변형』에서 나는 장자 철학에서 타자와 차이 개념이 얼마나 중요한지를 외롭게 역설했던 적이 있다. 대부분의 연구자들이 아직도 도道의 초월성을 강조하고 있을 때, 나는 도의 내재성, 혹은 도의 사후성의 테마를 집요하게 주장했던 것이다. 물론 지금도 나는 장자와 마주

쳤을 때의 감동을 여전히 외롭지만 강한 목소리로 외치고 있다. 이럴 때 내게는 나카지마의 책이 들어오는 행운이 찾아왔다. 그의 책은 나의 외로움을 많은 부분 달래주었다. 전혀 이질적인 문화적 배경에서도 장자의 속내가 타자와 생성이라는 개념에 응축되어 있다는 논의가 탄생했기 때문이다.

물론 구체적인 논증 부분에서 나카지마와 나 사이에는 많은 차이점들이 존재한다. 나는 나의 논증 대부분을 장자 본인이 쓴 것이라고 인정되는 「내편」을 토대로 구성했지만, 나카지마는 「내편」 「외편」 「잡편」 등 『장자』 전체를 토대로 자신의 논증을 구성하고 있다. 그래서 그런지 내가 중시하는 장자 원문과 나카지마가 중시하는 장자 원문은 매우 다르다. 그렇지만 『장자』가 기본적으로 일종의 문학적 스타일로 씌어진 책이라면, 이런 차이점은 지엽적인 것 아닐까? 중요한 것은 『장자』라는 거대한 바람과 마주쳐서 냈던 소리의 유사성일 것이다. 그렇다. 나와 나카지마가 상당히 유사한 소리를 내고 있다. 동일한 음악을 다른 악기로 연주하는 것처럼 말이다. 아니면 그와 나는 유사한 모양과 깊이를 가진 구멍인지도 모를 일이다. 언젠가 나카지마를 직접 만나야 할 것 같다. 우리가 동일한 음악을 다른 악기로 연주한 것인지, 아니면 서로 유사한 구멍이었는지를 확인하기 위해서 말이다.

강신주(철학자)

제1부

책의 역로 —

『장자』 동서고금

제1장 『장자』의 계보학

'노장'이 아니다

『장자』라는 책은 일시에 완성된 물건도 아니고, 한 명의 작자가 지은 것도 아니다. 그렇기는 해도 적지 않은 부분이 장자(장주莊周)라는 인물의 손에서 이루어진 것은 분명하다. 우선은 장자라는 인물에 대해 사람들이 어떻게 말하고 있는지부터 확인해보자.

사마천의 『사기』 「노자한비열전」에 장자에 대한 기록이 있다.

장자는 몽蒙 지방 사람이고, 이름은 주이다. 주는 일찍이 몽 지방의 칠원漆園에서 벼슬살이를 했고, 양혜왕·제선왕과 같은 시대 사람이다. 그의 학문은 넓어서 살피지 않은 것이 없으되, 그 요체는 노자의 말에 근본을 두고 노자의 말로 귀결된다. 그의 저서는 십여 만 자이고, 대부분이 우언寓言*이다. 「어부」「도척」「거협」을 지어, 공자의 무리를 비판하고 노자의 학술을 밝혔다.

莊子者, 蒙人也, 名周. 周嘗爲蒙漆園吏, 與梁惠王·齊宣王同時, 其學無所不闚, 然其要本歸於老子之言. 故其著書十餘萬言, 大抵率寓言也. 作漁父·盜跖·胠篋, 以詆訿孔子之徒, 以明老子之術. (사마천司馬遷,『사기史記』「노자한비열전老子韓非列傳」)

이미 여러 전문가가 논한 대로, 실은『사기』의 이 기록을 역사적 사실로 인정하기는 어렵다. 사마천은「노자한비열전」에서, 노자가 공자와 만난 적이 있고, 나이로는 노자가 공자보다 위라고 설정한 뒤, 여기서 인용한 것처럼 노자를 계승하는 이로 장자를 그렸다. 그러나 이것은 사마천의 아버지인 사마담司馬談이 당시 통용되던 '황로黃老'**라는 개념 대신에 새로 발명된 '도가道家'(『사기』「태사공자서」'육가요지六家要旨')라는 아이디어를 보강하기 위해『장자』에 실린 몇 가지 에피소드에서 만들어낸 픽션이었다. '노장老莊'이라는 호칭은 이미『회남자淮南子』「요략要略」편에 보이는데(그것이 일반화된 것은 3~4세기 위진魏晉 때 이후이다), 『사기』가 거기에서 힌트를 얻어「노장신한老莊申韓」***이라 병칭하고 '도가'를 구성했을 수도 있다(이케다 도모히사池田知久,『노장

＊우언에 대해서는 크게 두 가지 해석이 있다. 우寓는 우偶라고도 쓴다. 우偶는 대對와 비슷한 말이니, 우언을 대화라는 뜻으로 보는 것이 그 하나이다. 우寓는 또 기우寄寓의 뜻이니, 어느 인물에게 가탁하여 자기 사상을 말하게 한다고 보는 것이 그 두 번째이다.『장자』에 나오는 대화의 대부분은 가공의 것으로, 인물 자체가 만들어진 경우도 있고 실제 인물에게 가탁한 경우도 있다.

＊＊황제黃帝 및 노자老子가 지은 책을 가리키는 말로 보는 것이 일반적인 해석이다.

＊＊＊노자, 장자, 신불해, 한비자.

사상』, 15-29 · 88-97쪽).

그렇다면 『사기』가 전하는, 노자에서 장자로 이어지는 '노장'이라는 개념은 재검토하지 않을 수 없다. 현재까지의 연구결과에 따르면, 장자는 전국시대 중기에서 전한前漢 무제武帝 시기(재위 BC141-87년)에 걸쳐 『장자』라는 텍스트를 성립하게 만든 사상가의 한 사람이고, 노자는 전국시대 말부터 한초漢初에 『노자』라는 텍스트의 성립에 관여했던 사상가의 한 사람일 가능성이 높다(이케다, 같은 책, 31-32쪽).

참고로 말하자면, 『노자』라고 일컬어지는 책도 1973년에 마왕퇴馬王堆 한묘漢墓에서 출토된 『백서노자帛書老子』를 보는 한, 한대漢代 초기까지는 『덕편德篇』과 『도편道篇』으로 유통되었지 『노자』라고는 부르지 않았다. 노자라는 이름을 끌어들여 그 이름으로 이 책을 말하게 된 것은 『회남자』나 『사기』 같은 무제 시기의 저작이 성립되고 나서이고, 이 무렵부터 노자와 『덕편』 · 『도편』이 한데 묶여 『노자』가 된 것이 아닌가 하는 해석도 있다(사와다 다키오澤田多喜男, 「노장이라는 사람과 책」, 가지 노부유키加地伸行 편, 『노장사상을 배우는 이들을 위하여』, 10-12쪽).

요컨대, 노자에서 장자 혹은 『노자』에서 『장자』로 이어지는 계승관계가 성립되지 않는 이상, 후대에 만들어져 통용되던 '노장'이라는 개념으로는 장자와 『장자』를 포착하기 어렵다는 말이다. 이에 대해서는 현대 프랑스를 대표하는 중국학자인 안 청Anne Cheng도 『중국사상사』(*Histoire de la pensée chinoise*)에서 다음과 같이 기술하고 있다.

전통적으로 장자는 도가 중에서 노자의 뒤를 잇는 두 번째 스승이라 여겨졌고, 노자는 공자와 동시대 사람으로, 기원전 6~5세기 무렵에 살았다고 여겨졌다. 그러나 텍스트를 상세하게 읽으면, 이런 전통적인 설명에 의문이 든다. 즉, 양자의 순서를 뒤바꾸어, 『장자』 내편內篇은 기원전 4세기의 것이고, 그 뒤에 『노자』가 놓이는데, 그것은 대략 기원전 4세기 말 혹은 3세기 초엽의 것이라는 생각이 든다. 이런 견해에서 보면, 『장자』와 『노자』 텍스트는 전국시대 철학적 사고의 상이한 두 단계를 표현하고 있다. 즉, 『장자』의 핵심은 (명가名家나 (유가의) 맹자와 더불어) 제1의 사조를 대표하는 것인 데 비해, 『노자』는 ((유가의) 순자나 법가와 더불어) 제2의 사조를 특징짓는 것이다. (안 청, 『중국사상사』, 102-103쪽)

안 청은 여기에서 영국의 중국학자인 앤거스 그레이엄의 견해를 따르고 있다. 즉, "『장자』 내편이 『노자』를 알고 있음을 명백히 보여주는 것은 아니다. 가령 『노자』가 『장자』 내편보다 후대에 속한다는 사실을 적극적으로 입증하는 것이 없다고 해도 『노자』를 『장자』의 뒤에 두는 것은 크게 무리가 없을 것이다"라는 견해이다(A. C. 그레이엄, 『도를 논하다: 고대 중국의 철학논쟁』(A. C. Graham, *Disputers of the Tao: Philosophical Argument in Ancient China*), 217-218쪽).* 더 나아가 안 청은 『노자』와 『장

---

*한국어 번역본은 참고문헌 참조.

자』의 순서를 뒤바꾸어, "『장자』의 편찬은 기원전 4세기이고, 『노자』의 편찬은 기원전 4세기 말이나 3세기 초"라고 주장했다 (같은 책, 103쪽).

또한 안 청은 종래의 견해가 『노자』에서 『장자』라는 전후관계를 전제로 깔고 있는 이유에 대해서, "권력의 기술과 전략, 그리고 불사의 탐구라는 테마가 진한秦漢 제국 성립 전야前夜의 중요한 테마였는데, 그것은 『장자』보다 『노자』에서 중심적이었기 때문에, 그 후에 순서의 선후가 결정되었을 것이다"라고 추측하고 있다(같은 책, 103쪽). 즉, 『노자』가 『장자』보다 한초漢初의 정치적 문제 계열에 어울렸기 때문에 '노장'의 기원에 놓이게 되었다는 것이다.

그렇다면 『장자』가 문제 삼은 계열은 무엇이었는가? 안 청은 '사변적'이고 '관상적觀想的'인 것이라고 말했다(같은 책, 176쪽). 즉, "언어와 논변적인 이성의 상대성에 관한 철학적 고찰"(같은 책, 111쪽)을 행하여, 그것들의 확실성을 해체하고 나면 남는 것으로서 '자연'을 제시하는 것(같은 책, 122쪽)이 『장자』의 관심사라는 말이다. 하지만 그것은 구체적으로 어떠한 것인가? 그것을 살펴보기 전에 먼저 『장자』라는 책의 구성에 대해 알아보자.

『장자』의 탄생

중국의 옛 텍스트가 어느 것이나 그러하듯, 『장자』 또한 오랜 편찬의 역사를 거쳤다.

장자를 언급한 문헌 중에 오래된 것은『순자』「해폐解蔽」편과 『여씨춘추呂氏春秋』「거우去尤」편,「필기必己」편이다. 그러니까 기원전 3세기 중반에는『장자』텍스트의 일부가 알려져 있었던 듯하다. 한대에는 앞에서 본『사기』「노자한비열전」에 장주의 저서 '십여 만 자'라고 쓰여 있듯이 꽤 두툼한 텍스트가 존재하고 있었다. 그것이 현존하는 가장 오래된 도서목록인『한서漢書』「예문지藝文志」에 이르면 '장자 52편'이라 되어 있어, 전한 말에 유향劉向의 편찬을 거쳐 텍스트가 확정되었음을 알 수 있다.

이 52편으로 이루어진『장자』는 당대唐代에는 남아 있었던 모양인데, 초당初唐까지의 사정을 전하고 있는 육덕명陸德明의『경전석문經典釋文』에는 '사마표주司馬彪注 21권 52편' '맹씨주孟氏注 18권 52편'이라는 말이 보인다. 참고로 말하자면, 사마표본은 21권 가운데 열여덟 권이 52편 즉 '내편內篇 7, 외편外篇 28, 잡편雜篇 14, 해설 3'으로 나뉘어 있고, 나머지 세 권이 음音에 관한 것이었다. 그 외에 최선주崔譔注 10권 27편(최선본의 구성은 '내편 7, 외편 20'이었다), 상수주向秀注 20권 26편이 있었다고 하는데, 현재는 전하지 않는다.

결국 현행본으로 남아 있는 것은 27편(26편)을 참고하면서 52편을 새로 편찬한 서진西晉의 곽상郭象(252?-312?)이 지었다는 곽상주 33권 33편이다.

곽상본의 구성은 '내편 7, 외편 15, 잡편 11'이다. 즉, 내편은 일실된 기타 텍스트와 편수가 같다. 그러므로 내편은『장자』에서 좀 더 '고유한' 텍스트라고 이해되어왔지만, 내 · 외 · 잡의 구별 자체가 편찬과정(아마도 최초는 유향의 것)에서 이루어진 이상, 내편이 본래의 『장자』를 전하는 부분이라고 강하게 주장하는 것이 반드시 가능한 일은 아니라고 생각한다.

제2장 중국사상사에서의 『장자』 독해

— 근대 이전

안 청은『장자』가 '사변적'이고 '관상적'인 문제 계열을 다룬 다고 말했는데, 그렇다면 그것은 구체적으로 어떠한 것일까? 그 단서를 찾기 위해 먼저 중국사상사에서『장자』를 논한 방식을 개관해보자.

'장자는 하늘에 가려 사람을 알지 못한다'
―『순자』

　"장자는 하늘에 가려 사람을 알지 못한다(莊子蔽於天而不知人, 『순자荀子』「해폐解蔽」)." 인구에 회자된 순자의 이 비평은 고대 중국 에서 장자가 차지하는 위치를 간결하게 보여준다. 즉, 장자는 여 전히 '하늘(天)'에 얽매여 있어 '사람'을 다루지 못했지만, 순자는 '하늘'과 거리를 두어 '사람'을 명확히 밝힐 수 있었다는 말이다.

그런데 고대 중국에서 '하늘'을 빼고 전개된 사상을 찾기는 쉽지 않다. 설령 각각의 학파마다 '하늘'의 내용이 다르다고는 해도, '하늘'은 줄곧 '사람'의 영역의 기초를 이루는 위치에 있었다. 예를 들면 유가에서는 공자가 '천명天命'에 대해서 말했고, 묵가에서는 묵자가 '천지天志'에 대해서 말했다. 그리고 사상 면에서 장자의 라이벌이었던 맹자도(설령 맹자가 장자를 전혀 언급하지 않았다고 해도) 자주 '하늘'에 대해서 말했다. 그렇다면 순자의 비평은 장자에게 조금 가혹하지 않았나 싶다.

하지만 순자가 문제 삼은 것은 맹자 이후 '하늘'과 '사람'의 관계를 새로이 되물었는데도 불구하고 장자가 거기에 민감하게 반응하지 않았던 점이다. 맹자는 '성性'이라는 개념을 통해 '하늘'과 '사람'을 다시 연결한 뒤 '사람'의 영역이 지닌 독자성(특히 윤리)을 밝히려고 했다. 그리고 순자 자신도 맹자와는 방식이 다르긴 하지만—'성악性惡' '위僞(인위人爲)'를 주장함으로써—'사람'의 독자적 영역을 탐구하고, '하늘'과 '사람'의 관계를 분리시키는 방향을 강조했다. 그에 비해 장자는 어디까지나 '하늘'에 사로잡혀 '사람'의 영역을 개발하려 하지 않은 것처럼 순자에게 비쳤던 것이다.

그렇다면 장자는 '하늘'과 '사람'의 관계가 무엇이냐는 문제 계열에 대해서 과연 순자가 생각한 것처럼 무신경했을까? 이에 대해서는 양국영楊國榮의 『장자의 사상세계莊子的思想世界』, 특히 제1장 「천인天人의 변辯」에 나온 정리를 참고하면서 생각해보고자 한다.

장자는 어떤 면에서는 '사람'의 독자적인 영역을 지키려 했다.

대저 대지를 소유하는 자는 대물大物을 소유하고 있다. 대물을 소유한 자는 물物이라 여겨서는 안 된다. 물이기는 하지만 물로 여겨지지 않기 때문에, '물을 물로 여기는 것'(지배)이 가능하다. 물을 물로 여기는 자가 물이 아니라는 것이 분명해지면, 천하 만민을 다스릴 뿐만 아니라, 육합六合(천지사방)에 드나들고, 지상의 도처에 노닐며 자유로이 왕래한다. 이것을 독유獨有라고 한다. 독유한 사람을 일러 지귀至貴라 한다.

夫有土者, 有大物也. 有大物者, 不可以物. 物而不物, 故能物物. 明乎物物者之非物也, 豈獨治天下百姓而已哉! 出入六合, 遊乎九州, 獨往獨來, 是謂獨有. 獨有之人, 是謂至貴. (『장자』「재유」)

여기에서 장자는 물物(존재자) 중에서 '사람'을 구별하려 하고 있다. 즉, 다른 물과 달리 '사람'은 '물을 물로 여기는' 주도권을 쥐고 있고 '물로 여겨지는' 대상이 아니다. 이 밖에도 '물에 의해 자기를 해치지 않는다(不以物害己)'(『장자』「추수」)라는 표현도 있으니, 반드시 장자가 '사람을 알지 못한다'고 말할 수는 없다.
   그러나 장자는 다른 면에서 '사람'을 '하늘'에 향하게 한다.

예禮는 세속이 만든 것이지만, 참(眞)은 하늘에서 준 것이라 스스로 그러하여 바꿀 수가 없다. 그런 까닭에 성인은 하늘을 본받아 참을 귀히 여기고, 세속에 얽매이지 않는다.

禮者世俗之所爲也, 眞者所以受於天也, 自然不可易也. 故聖人法天貴
眞, 不拘於俗. (『장자』「어부」)

사물에 지배당하지 않는 '사람'(그 상징이 성인이다)은 세속의
규범인 '예'가 아니라 '하늘이 준 참을 귀히 여긴다'. 그뿐 아니
라 장자는 '하늘을 본받'는다고 기술하여, 이상적인 '사람'을
'하늘'에 일체화시키려 한다. 실제로 장자는 '천인天人'(『장자』
「경상초」)이라는 표현을 자주 사용하고, '사람과 하늘은 하나다
(人與天一也)'(『장자』「산목」)라고 단정하기도 했다.
그렇다고 해도 어떻게 해서 '하늘을 본받는다'는 것일까? 그
것은 '사람의 힘으로써 하늘을 돕는다(以人助天)'(『장자』「대종
사」)든지 '사람의 힘으로써 하늘에 들어간다(以人入天)'(『장자』
「서무귀」)든지 하는 능동적인 방식이 아니다. 유가라면 인간이
뭔가 능동적으로 노력해서(예를 들어 맹자라면 '성性을 다하여')
'천지天地에 참여하는' 것도 상정할 테지만, 장자는 그것을 인정
하지 않는다.

사람의 하늘을 열지 말고 하늘의 하늘을 열어라. 하늘을 열면
덕이 생기고, 사람을 열면 해(賊)가 생긴다. 하늘을 억누르지 않
고 사람을 소홀히 하지 않으면 백성은 참에 가까워진다.
不開人之天, 而開天之天. 開天者德生, 開人者賊生. 不厭其天, 不忽
於人, 民幾乎以其眞. (『장자』「달생」)

장자는 '사람의 하늘'과 '하늘의 하늘'을 구별한 뒤, 인간이 능동적으로 참여할 수 있는 하늘(사람의 하늘)을 멀리한다. 「경상초」편에는 '전인全人'은 '사람의 하늘을 미워한다(惡人之天)'라는 말까지 나온다. 그러면 '하늘의 하늘'이란 무엇인가? 그것은 '하늘은 스스로(저절로) 높고 땅은 스스로 두터우며, 해와 달은 스스로 밝다. 도대체 〔인간이〕 무엇을 닦을 것인가(天之自高, 地之自厚, 日月之自明, 夫何修焉)'(『장자』「전자방」)라는 말에 보이듯, '사람'과는 무관하게 '스스로 그러한(自然)' 것이다.

그러하다면 '하늘을 본받는다'는 것은 어디까지나 수동적인 태도일 수밖에 없다. '사람'은 '하늘'에 관통되어 '하늘'에 지배당하고 있다. '하늘을 억누르지 않고 사람을 소홀히 하지 않으면' '하늘을 본받는' 일도 가능할 터이다. 이런 점에서 장자는 순자가 말했듯이 '하늘에 가려 있다'고 말하지 않을 수 없다.

그러나 반드시 '사람을 알지 못하'지는 않았듯, 장자가 그저 '하늘에 가려' 있지만은 않았음을 보여주는 계기契機는 없었을까? 바꿔 말하면, '하늘의 하늘'에서도 벗어날 듯한 '사람'의 자유는 없었던 것일까? 본서 제II부의 핵심적 논의는 바로 이 물음을 둘러싸고 전개될 것이다.

'무無'의 사상

그 전에 전근대 중국에서 『장자』를 어떻게 독해했는지 좀 더 살펴보자. 앞 장에서 『장자』라는 책의 성립에 대해 기술하면서 곽상본을 언급한 적이 있다. 곽상은 현존하는 『장자』 주석 중에서 가장 오래된 주석을 남긴 사상가이기도 하다. 여기에서 가장 오래되었다고 말한 것은 곽상 이전에 있었던 여러 주석이 이미 전해지지 않고 있기 때문이다.

그러면 곽상은 주석자로서 『장자』를 어떻게 독해했는가? 한마디로 말하면 '자생독화自生獨化'를 통한 예교禮敎 질서의 긍정이다. 호리이케 노부오堀池信夫가 그 의미를 간략하면서도 요령 있게 설명하고 있다.

위진魏晉 시기가 되면, 〈무無〉를 기氣(질료質料)에 연관시키는 것을 꺼리는 경향이 생기면서 〈무〉는 순수하게 추상적인 논리화의 길을 걷기 시작한다. 위魏의 하안何晏은 『노자』를 이어받아 〈도道〉를 〈무〉라고 규정하고, '도는 본래부터 무명無名'이라 하여 언표를 넘어선 것으로, '유有의 유됨은 무를 의지하는' 것으로 여겨 〈무〉를 존재론적으로 위치시킨다.

위魏 왕필의 〈무〉는 기본적으로 하안을 이어받은 것이었다. 그러나 그는 하안보다 한 걸음 더 나아가, 여전히 생성론적 성격을 간직한 〈도〉를 〈무〉와 분명하게 구별하고, 〈무〉의 속성인 '없음'의 의미를 심각하게 캐물었다. 그는 '유'의 결여·무형無形, 혹은 계사繫辭(copula)를 수반하는 존재적 성격 등 〈무〉에 늘 따라다니는 존재자의 성격을 철저하게 발라내어, 독창적으로 개념의 세련화를 진행시켰다. 그의 〈무〉는 순수하게 논리적으로 존재자를 지탱하고 존재하게 했으며, 그리고 존재는 〈무〉에 있어서 온전한 것이 될 수 있다는 존재론적 탐구를 바탕에 깔고 있었다.

서진의 곽상은 『장자주莊子注』에서 **존재론적 근원자**根源者를 모두 배제하고, 세계는 존재자(유有)의 자연적인 자생자화自生自化, 즉 〈독화獨化〉에 의해서만 성립된다고 주장했다. 〈독화〉하는 〈유〉의 입장에서 근원자는 필요하지 않다. 곽상은, 〈무〉란 그러한 근원자 따위는 '없다'는 사실을 밝힌 것이라고 여겼다. 이것은 왕필이 진전시킨 속성 '없음'의 추구가 〈무〉의 개념 자체에까지 확장된 결과로, 독자적인 〈무〉의 사상이었다. (호리이케 노부오, 「무」, 『이와나미 철학·사상 사전』, 이와나미서점, 1998년, 1562쪽)

『장자』 그리고 소위 '노장사상'은 자주 '무'의 사상이라 기술되고, 이렇게 특징지어진다는 것은 잘 알려진 사실이다. 호리이케 또한 위에 인용한 부분의 바로 앞에서 "〈무〉는 노장사상에서 기본개념의 하나"(같은 책, 1561쪽)라고 기술했고, 『장자』에 관해서도 "『장자』의 경우 〈무위자연〉이란 존재자 〈유〉 본래의 〈만물제동萬物齊同〉의 상相이다. 〈무〉란 차이 나고 대립하는 일체의 유한적 존재자를 부정하고, 부정에 부정을 거듭한 끝에 도달한 〈만물제동〉으로, 주객을 포함한 일체의 융합·충족"(같은 책, 1561쪽)이라 기술하여, '무'의 사상임을 확인하고 있다.

그러면 '노장사상'의 '무'란 무엇일까? 호리이케에 따르면, 우선 그것은 '유의 결여' 혹은 '무형'이어서, 어디까지나 질료와 관련해서 그 부재를 알리는 것이었다. 하지만 적어도 『장자』에 관해 말한다면, 그러한 '무'의 사상이 그렇게까지 전면에 나와 있다고는 말할 수 없다. 물론 '무위'나 '자연' 그리고 '무형'이 자주 논해지기는 한다. 또한 '무'가 '유'와의 대립으로 등장하기도 한다. 다만 '무'가 개념으로서 잘 다듬어진 형태로 쓰이고 있는 것은 아니다. 요컨대, 『장자』에서 발견된 '무'의 사상은 '노장사상'이라는 개념이 등장하고, 특히 『노자』 독해에서 '무'의 개념화가 진행된 육조六朝 시기의 논의를 거친 뒤에 소급해서 발견된 것에 지나지 않는다.

그렇다면 육조 시기에 '무'의 사상은 어떻게 개념화되었는가? 가장 전형적인 이해 방식이 앞에서 인용한 호리이케 노부오의 정의이다. 즉, '무형'에서 '존재론적 근원자'로서의 '무'로 개념화된 것이다. 『노자』를 독해한 위의 하안(190?-249), 그리고 왕필(226-249)이 이것을 심화시켰다. '존재론적'이라고 말한 이상, 이 '무'는 존재자가 아니라 존재자를 존재자이게 하는 조건이다. 그것은 '유의 결여'도 아니고 '무형'도 아니며, 질료적인 것과 연관되지도 않는다. 더구나 그것은 '도'와 구별되고, 도의 상위에 놓일 만큼 끌어올려진 '근원'이다.

그렇다고 해도 여기에 텍스트 해석상의 난점이 없는 것은 아니다. 『노자』 8장의 왕필주에 "도는 무(道, 無)"라는 말이 있다. 그러니까 '도'를 뛰어넘은 '무'가 설정되어 있는 것은 아니다. 또한

『노자』 34장의 주에 보이는 "만물은 모두 도에 의해서 생生하지만, 생하고 나면 그것에 의해 생한 것을 알지 못하게 된다"는 표현이나, 『노자』 1장의 주에 보이는 "모든 유는 무에서 시작된다. 따라서 미형무명未形無名의 때가 만물의 처음이다"라는 표현을 아울러 생각하면, 왕필이 '도'와 '무'를 엄밀하게 구별하고 있다고는 말할 수 없다. 또한 '무'를 '미형무명'이라 고쳐 말하고 있는 점을 보면 '무형'과의 구별이 유지되어 있다고도 생각할 수 없다.

그렇다면 왕필이 '무'를 '존재론적 근원자'로 끌어올렸다고 이해하는 데에는 조금 신중을 기하는 편이 좋을 것이다. 그래도 왕필이 '무'를 개념화하려 했고 『노자』 독해의 열쇠로 삼은 것은 확실하기 때문에, '무'의 사상을 적어도 ('노장' 가운데) 『노자』에서 읽어내는 것은 가능할지도 모른다.

곽상과 '유는 저절로 문득 생한다'

그러면 곽상은, 그리고 그의 『장자주』는 어떠할까? 흥미롭게도 곽상은 '무'에 대해 왕필이 했던 작업의 대척점에 위치한다. 앞서 인용한 문장에서도 호리이케가 "곽상은, 〈무〉란 그러한 근원자 따위는 '없다'는 사실을 밝힌 것이라고 여겼다"고 기술하고 있듯, 곽상에게 '무는 없다'. 이것은 곽상이 '무형' 혹은 '존재론적 근원자'로서 '유'를 지탱하고, '유'를 이롭게 하는 '무'를 '유'에서 분리시키며, '유' 자체에 의해 '유'의 기초를 마련했음을 의미한다.

무가 이미 무라면, 유를 낳는 일은 불가능하다. 유가 아직 발생하지 않은 이상, 다시 뭔가를 발생하게 하는 것은 불가능하다. 그렇다면 뭔가를 발생하게 하는 것은 누구인가? 혼자서 저절로 발생할 뿐이다. (…) 물은 각각 자생하는 것이어서, 어딘가에서 나오는 것 따위가 아니다.

無旣無矣, 則不能生有. 有之未生, 又不能爲生. 然則生生者, 誰哉. 壞然而自生而. (…) 物各自生, 而無所出焉. (곽상,『장자』「제물론」주)

무는 사물을 발생하게 할 수 없다. (곽상,『장자』「천지」주)

무는 결국 무이고, 유는 저절로 문득 발생한다. (곽상,『장자』「경상초」주)

곽상은 '유'는 '자생독화自生獨化' 혹은 '자화自化'하는 것, 즉 '스스로 그러한(自然)' 것이라고 생각했다. '유'를 '무'에 기대지 않고, '유' 자체에서 절대적으로 기초를 마련하려고 한 것이다. 즉, '유'는 '유' 스스로 기초를 가진 것, 자기가 조정措定하는 어떤 것이다.

그렇다면 곽상은 '유'를 '독화'나 '자연'으로서 자기조정自己措定하는 것으로 여김으로써 무엇을 실현하려고 한 것일까? 다음의 인용문을 보자.

대저 물은 대大가 소小를 바라거나, 소가 대를 부러워하는 것이 아니다. 대소가 달라도 각각에 정해진 분分이 있다고 지적한다면, 부러워하는 욕망이 미치는 일은 없다. 그렇다면, 부러워하는 욕망의 얽매임(累)을 끊을 수 있다. 대저 슬픔은 얽매임에서 생기는 것이니, 얽매임을 끊으면 슬픔도 사라진다. 슬픔이 사라지면 성명性命이 편안하지 않을 일은 없다.

夫物未嘗以大欲小, 而必以小羨大. 故擧小大之殊, 則有定分. 非羨欲所及, 則羨欲之累可以絶矣. 夫悲生於累, 累絶則悲去. 悲去而性命不安者, 未之有也. (곽상, 『장자』 「소요유」 주)

천지는 만물의 총칭이다. 천지는 만물을 체體로 삼고, 만물은 스스로 그러함(自然)을 정正으로 삼는다. 자연이란 그렇게 하지 않아도 저절로 그러한 것이다. 대붕이 높이 날고 척안(메추라기)이 낮게 날며, 춘목椿木이 장수하고 조균(버섯)이 단명하는 것은 모두 자연이 그렇게 한 것이지 작위作爲에 의해서 그렇게 된 것은 아니다. 그렇게 하지 않아도 저절로 그렇게 된 것이므로 (자연을) '정으로 삼는다'고 말한 것이다.

天地者, 萬物之總名也. 天地以萬物爲體, 而萬物必以自然爲正. 故大鵬之能高, 斥鴳之能下, 大椿之能長, 朝菌之能短, 凡此皆自然之所能, 非爲之所能也. 不爲而自能, 所以爲正也. (곽상, 『장자』 「소요유」 주)

여기에서 기술하고 있는 의미는, 성性에는 각각 분分이 있고, 지혜로운 자(知者)는 지知를 지킨 채 명命을 마치고, 어리석은 자(愚

者)는 어리석음(愚)을 끌어안은 채 죽음에 이르는 것이어서, 도중
에 그 성을 바꿀 수는 없다는 말이다.

言性各有分, 故知者守知而待終, 愚者抱愚而至死, 豈有能中易其性者
也. (곽상, 『장자』「제물론」주)

물에는 대소가 있지만 '각각에 정해진 분'이 있다. 구체적으로
는 '대붕'과 '척안' 혹은 '춘목'과 '조균'의 차이에서 보이듯,
'스스로 그러하게' 그렇게 되어 있는 것이다. 인간의 경우에도
'지혜로운 자'와 '어리석은 자'는 구별된 '성'을 갖고 있다.

요컨대, 곽상이 실현하려고 한 것은, 만물이 정해진 '분'이라
고 하는 스스로의 '성'에 자족하는 세계이다. '유'가 스스로 조정
措定하고 있는 이상, 그 존재 방식 바깥에서 작위적으로 개입할
수는 없다.

그렇다면 곽상의 논의를 인간세계에 적용할 경우, 그것은 그
저 현상現狀을 긍정하는 것으로 보인다. 구체적으로 말하자면, 유
가적인 '명교名教' 혹은 '예교禮教'라는 계층적 질서에 의해 지배
당하고 있던 당시의 현실에 대해 비판적인 힘을 가질 수 없게 된
다는 것이다. 그러나 정말로 그러할까?

'자연'은 현상을 긍정하지 않는다

곽상이 사용한 '자연'이라는 개념은 본래 죽림칠현의 한 명인

위魏나라 혜강嵇康에 의해 래디컬한 의미를 갖게 된 말이다. 혜강은 "명교를 넘어 자연에 맡긴다"(혜강,「석사론釋私論」)고 기술하여, 인이나 예로 대표되는 유가적인 현실질서인 '명교'를 부정하고, 제도 이전의 '자연'에 맡기려 했다.

그런데 곽상은 사물과 인간의 '성'을 '자연'이라 여김으로써, "대저 인의仁義는 사람의 성이다"(곽상,『장자』「천운」 주), "대저 인의는 그대로 사람의 성정이니, 다만 이것에 맡겨두면 된다"(곽상,『장자』「변무」 주)고 기술하기에 이르렀다. 즉, 줄곧 부정되어온 (인의로 대표되는) 유가적인 질서를 '자연'이라는 개념에 의해 그대로 긍정해버린 것이다.

이것뿐이라면, 곽상의『장자』독해가 감당한 역할은『장자』를 유가적인 현실질서의 긍정에 접근시킨 것에 지나지 않을 터이다. '노장사상'의 반유가적인 성격(현실질서로부터의 초월)을 강조하는 모리 미키사부로森三樹三郎는 이 점을 다음과 같이 비판하고 있다.

> 대체로 곽상주는 외편·잡편에 나타난 '자족自足'이나 '자득自得'의 사상, 즉 '자기에게 주어진 성분性分대로 살라'는 주장에 공명하고, 이것을 내편의 해석에까지 확장하는 경향이 있다. 훗날 곽상이 당시의 권력자였던 동해왕東海王 사마월司馬越에게 접근하고, 노장사상가로서 해서는 안 될 일을 저질러 명성이 크게 실추되었다고들 하는 것도 이 '자득의 사상'과 무관하지 않은 것이라 생각된다. (모리 미키사부로,『노자·장자』, 145쪽)

모리는 곽상의 '자득' 사상이 권력에 접근하는 근거가 되어, '노장사상가로서 해서는 안 될 일'을 저질렀을 가능성을 문제 삼고 있는 것이다.

그러나 곽상의 『장자』 독해는 여기서 그치지 않는다. 무슨 말이냐 하면, '자생독화自生獨化' '자연' '자득'을 통해서 뭔가 또 다른 커다란 변용이 상정되어 있다는 생각이 들기 때문이다. 그것은 '무'라는 '존재론적 근원자'를 '유'에서 분리시킨 것과 연관이 있다. 만약 '무'라는 근원, 더구나 궁극적인 근원을 조정措定하는 것이라면, 그것이 실현하는 '유'의 세계는 흔들림 없는 것일 터이다. 만약 그 '유'의 세계를 비판하는 것이라면, '무'라는 근원을 전면에 들고 나와 모든 것을 백지로 돌리면 된다. 혜강의 '자연'은 그러한 '무'의 대체물이다.

그런데 곽상은 '유'를 어떠한 근원으로부터도 분리시켜 스스로 조정하게 했다. 그것은 '유'에 근거가 없다는 말에 다름 아니다. 그렇다면 그 '유'의 세계는 결코 영원불변의 것이 아니다. 즉, 그 '분'이나 '성'에는 늘 우연성의 그림자가 드리워 있는 것이다. '대붕이 높이 날고 척안이 낮게 날며, 춘목이 장수하고 조균이 단명한 것'은 다른 방식으로도 가능했을지 모르지만, 이 현실에서 그러한 '분'이나 '성'을 우연히도 선택했기 때문에 그 존재방식이 필연화된 것에 불과하다.

여기에서 고려해야 할 것은 곽상의 '제동齊同'과 '물화物化'에 대한 해석이다. 뒤에 가서 고찰하겠지만, 『장자』의 '제동'은 종종 대소의 구별이나 '성'의 차이가 없다는 무차별로 파악되어왔다. 그러나 곽상이 해석한 '제동'은 대大가 대에 자족하여 성립된 **이 세계**(그것은 다른 세계로부터 절대적으로 분리되어 있다)와, 소小가 소에 자족하여 성립된 **이 세계**가 동일한 것이어서 무차별적인 것이 아니다.

여기에서 '가지런하다(齊)'는 것은 형상이 가지런하다든지 척도가 같다든지 하는 말이 아니다. 종횡·미추·회궤휼괴恢恑憰怪[괴물 같은 것]가 각각 자기가 그렇다고 여기는 것을 그렇다고 여기고, 자기가 옳다고 여기는 것을 옳다고 여기고 있는 것이어서, 형태는 각각 전혀 다르다고 해도, 성性은 똑같이 얻을 수 있다는 말이다. 그러므로 '도는 하나에 통해 있다'고 말하는 것이다. 所謂齊者, 豈必齊形狀同規矩哉. 故擧縱橫好醜恢恑憰怪, 各然其所然, 各可其所可, 則形雖萬殊, 而性同得. 故曰道通爲一也. (곽상, 『장자』「제물론」주)

만물·만형萬形은 자득하는 점에서 같다. 그 얻는 방법은 하나인 것이다. (곽상, 『장자』「제물론」주)

여기서 볼 수 있듯이 곽상은 각각의 '물'이 '그렇다고 여기는 것'과 '옳다고 여기는 것'에 철저하게 일관함으로써 스스로의 '성'을 얻고 있다고 정의하고 있다. 그리고 그 '얻는 방법'이 동일하다고 기술하고 있지, 구별 자체를 해소하려고 한 것은 아니다.

중요한 것은 이러한 '제동'의 한복판에서 '물화'가 생긴다는 점이다. 즉, **이 세계**가 다른 방식으로 또 하나의 **이 세계**로 변용된다는 것이다. 그것은 '도중에 그 성을 바꿀 수 없다'고 여겨진 '성' 또한 변용되는 사태이다. 곽상은 이렇게 말하고 있다.

〔옛날의 진인眞人은〕화化와 일체를 이루었다. (곽상, 『장자』 「대종사」 주)

대저 인의는 사람의 성이지만, 사람의 성은 변화하는 것이어서 고금古今이 같지 않다. (곽상, 『장자』 「천운」 주)

인의는 '성'이지만 그 '성'도 또한 변용된다. 그리고 이상적인 인간이며 신선과 같은 '진인'이 '화와 일체를 이루고' 있음을 고려한다면, 곽상은 단순히 현상을 긍정하고 있는 것이 아니라 현상이라는 것이 근거가 없는 것이고 변화 가능한 것이라 상정하고 있다고도 해석할 수 있다. 다른 식으로 말하자면, '성'에 투철함으로써 '성'을 변용할 수 있는 가능성을 인간에게서 보았던 것이다. 이러한 가능성과 그 의의에 대해서는 제II부에서 다시 고찰할 것이다.

불교와 '만물제동萬物齊同'

『장자』 독해의 역사에서 잊지 말아야 할 것은 불교와의 관계이다. 불교가 중국에 본격적으로 수용된 것은 곽상의 후대, 동진東晉 시대였다. 이미 불전을 한역하려는 시도는 있었지만, 동진시대에 들어서면서 불전의 한역과 해석이 크게 진전을 보았다. 그 특징은 격의불교라고 불리는 것이다. 즉, 불교에서 보면 '외전外典'이라 해야 할 중국 텍스트(특히 『노자』와 『장자』)의 용어를 사용하여 불교를 이해하려 한 작업이다. 이것에 대해서는 모리 미키 사부로의 설명이 알기 쉽다.

따라서 그들(동진의 중국지식인)은 '반야의 공空'을 '노장의 무' 관념을 통해 이해하려고 했다. 이렇게 외전의 관념이나 용어를 사용하여 불교를 이해하려고 한 것을 격의라고 부른다. 격의라는 말은 『고승전高僧傳』「축법아전竺法雅傳」에 처음으로 보이는데, 불교를 격의를 통해 이해하는 것은 동진시대에 시작되었다고 보는 게 통설이다. 그러나 외전의 언어나 관념을 이용하여 불교 사상을 표현하려는 시도는 동진 이전에도 이루어지고 있었고, 무엇보다 경전의 한역 자체가 이미 이런 작업을 실행하고 있었던 것이다. 예를 들면 옛 번역에서는 열반涅槃을 '무위無爲', 진여眞如를 '본무本無'라고 번역하고 있는데, 둘 다 범어를 번역하는 데 노장의 용어를 사용한 것이다. 또한 『무량수경無量壽經』의 한역漢譯·오역吳譯·위역魏譯은 '자연' 혹은 '무위자연' 같은 단어를 많이 사용하고 있는데, 둘 다 그 번역 시기가 노장 전성시대 였음을 보여준다. 이런 관점에서 말한다면, 한역 경전 자체가 이미 격의를 실행하고 있는 것이고, 노장적 색채가 짙다고 할 수

있다. (모리 미키사부로, 『노장과 불교』, 137쪽)

　'열반'을 '무위', '진여'를 '본무', '보리'를 '도道', '불교'를
'도교', 그리고 '공'을 '무'로 한역하여 불교를 이해하는 것은 쿠
마라지바鳩摩羅什의 새로운 역경譯經까지 이어졌다. 모리에 따르
면, 그것을 배경으로 하면서 쿠마라지바에 의한 새로운 번역을
통해 '반야의 공'의 의미가 명료하게 이해됨으로써, 역으로 『장
자』의 '만물제동설'이 진정으로 이해되었다고 말한다.

　승조僧肇 이전의 불교도는 노장을 배웠다고 해도 주로 노자에
치우쳐 있어, 장자의 만물제동설을 이해한 사람은 매우 드물었
다고 생각된다. 이 시대에 유행한 곽상의 『장자주』조차 「제물
론」 편의 이해가 충분하지 못한 아쉬움이 있으므로 이 사태는
참으로 어쩔 수 없는 일이었다. 그런 때에 오직 승조 한 사람은
장자의 만물제동의 이치를 잘 이해하고, 그것을 통해 반야의 공
의空義에 도달할 수 있었다고 볼 수 있다.
　혹은 또 역으로 본다면, 쿠마라지바와 그가 번역한 경전의 인도
를 받아 공의의 본질에 도달했고, 그것이 장자의 만물제동설을
이해하는 데 도움이 되었다고 말할 수도 있을 것이다. 어느 쪽
이건 간에, 승조에 이르러 비로소 '반야의 공의'에 대한 이해가
본격화됨과 더불어, 장자도 비로소 참된 지기知己를 얻었다고 할
수 있다. (같은 책, 156-157쪽)

모리가 곽상에게 비판적이라는 것은 앞에서도 언급했는데, 그 비판의 근저에는 불교의 '공'에 기초한 '만물제동' 해석이 깔려 있다. 즉, 모리는 '만물제동'을 승조가 도달한 '공' 이해, 즉 '유무의 상대를 넘어서고, 다시 그 상대를 포괄하는 좀 더 고차원적인 절대무차별의 경지'(같은 책, 153쪽)와 같은 것으로 파악하고, 역으로 『장자』에서 그것을 찾아내려 한 것이다.

> 따라서 장자의 '무'는 무라기보다는 무극無極, 무한無限이라 부르는 것이 맞다. 무한이 펼쳐진 곳에서는 이것과 저것(彼此), 앞과 뒤, 좌와 우 따위 대립차별은 소멸될 뿐만 아니라, 선악·미추善惡美醜 따위 가치차별도 의미를 상실하여 모든 것이 가지런해지고 모든 것이 하나가 된다. 이것은 무한이 갖는 부정적인 공능이다. 그러나 부정만 있는 것은 아니다. 무한이란 문자 그대로 한없이 만물을 포용하는 것이기 때문에, 유무 어느 쪽도 배제함 없이 모든 것을 무차별하게 긍정한다. 우리가 만물제동설이라 부르는 것이 바로 이것이다. (같은 책, 156쪽)

이상에서 보았듯이, '공'에 해당하는 '고차원적인 무'를 '만물제동'으로 보아 '절대무차별'을 읽어내는 것이 『장자』의 '제동' 해석으로 통용되고 있는 것이다. 모리의 해석은 그 전형을 보여주는 것인데, '제동'을 그렇게 해석하는 입장에서는, '무는 없다'고 봄으로써 이 세계를 긍정하는 곽상의 『장자』 이해를 도저히 받아들일 수 없었다. 그리고 모리는 자신의 『장자』 이해를 더욱 불교 쪽으로 끌어간다.

　장자가 남겨둔 이 과제(만물제동의 경지에 드는 일)와 씨름하여
해결에 성공한 것은 도가의 후계자라기보다 오히려 불교의 선
종禪宗이고, 정토교淨土教였다고 말해도 무방하다. 선과 정토교는
중국불교 중에서도 특히 중국적인 색채가 강한 불교라고 할 수
있다. 그것은 송원명청宋元明清 시대에 살아남은 불교가 선과 염
불뿐이었다는 역사적 사실에서도 증명된다. 이 경우 선과 정토
교의 '중국적' 요소란 무엇인가? 한마디로 말하자면, 그것은 장
자 사상이다. 선과 정토교는 인도의 불교에 기원을 두면서 중국
의 장자 철학에서 깊은 영향을 받은, 말하자면 혼혈 불교이다.
선과 정토교가 해결하려 한 것은 장자가 미처 언급하지 않은
'어떻게 만물제동의 경지를 실현할 수 있느냐'라는 방법론의 문
제이고, 실천의 문제였다. (같은 책, 30~31쪽)

　개념으로서의 '고차원적인 무'이든, '절대무차별'로서의 '만
물제동'이든, 불교를 이용하여 서양철학 이상으로 철학적이고자
했던 근대 일본철학의 문맥에서 보자면, 이렇게 '고차원적인
무'라는 초월의 차원으로 끌어올리려는 모리의 해석 역시 의미
있는 해석일지도 모른다. 하지만 이미 살펴보았듯이, 그것은 『장
자』 텍스트에서 보자면 난점이 없지 않고, 곽상을 포함한 옛 주
석이 전개한 『장자』 세계와도 일치하지 않는다. 더욱이 불교를
이러한 방식으로 『장자』에 끌어다 붙이는 것이 중국불교의 입장

에서 타당한지도 문제이다.

따라서 불교와 『장자』의 만남에서 어떠한 독해 가능성이 발견되었는지를 새롭게 고찰할 필요가 있을 것이다. 그러려면 불교의 주제에 대해서 『장자』가 어떻게 활용되었는지를 보는 수밖에 없다. 그 구체적인 예를 육조六朝에서는 양梁 시대의 논쟁에서 찾아보고자 한다.

불교 속의 『장자』

그 논쟁이란 불교에 대한 비판과 옹호가 격렬하게 맞붙은 '신멸불멸논쟁神滅不滅論爭'이다. 신멸불멸논쟁의 포인트는 신체와 정신(혼)의 관계를 어떻게 생각하느냐에 있었다.

불교를 비판하는 쪽에 선 이가 『신멸론神滅論』을 지은 범진范縝이다. 범진은 『신멸론』이라는 제목에서도 드러나듯, '형形(신체)'이 없어지면 '신神(정신, 혼)'도 또한 멸한다고 주장했다. 그 전제로서 주장한 원리가 '형신상즉形神相卽'이다. 이것은 하나의 '체體'에 대한 두 가지 어법으로서, '형(신체)'과 '신(정신, 혼)'을 정의한 것이었다. 즉, '용用(작용, 공능)'의 측면에서 말한 것이 '신'이고, '질質(실질)'의 측면에서 말한 것이 '형'이다. 그렇다면 이 둘 사이에 실체적인 차이는 없고, 있는 것은 의미상의 차이이기 때문에, 결코 별개의 것은 아니라는 말이 된다.

그에 비해, 불교를 옹호하는 쪽에서는 '형'과 '신'을 두 개의

실체로 삼은 이상, 둘은 '상즉'이 아니라 '합合' 혹은 '합용合用'이
라고 설명했다.

범진을 비판한 사람의 하나인 조사문曹思文은 『난범진신멸론難
范縝神滅論』이라는 글에서, '형'과 '신'은 "합하여 용(작용)을 이루
는 것이어서, 이 합은 즉卽이 아니다. 태어나면 합하여 용을 이루
는 것이고, 죽으면 형은 머물러도 신은 가버린다"고 말했다. 그
리고 불교도 입장에서 매우 중요한 논의인 '형'과 '신'의 분리와
합일의 논거로서 『장자』를 원용했다. 중국에서도 이미 불교와
같은 사고가 이루어지고 있었음을 보여주기 위한 것이었다. 거
기에서는 「제물론」편의 두 가지 기사가 인용되었다.

자고 있을 때 혼은 〔다른 것과〕 **교섭한다.** 그러므로 신이 나비(胡蝶)가
되어 논 것은 형과 신이 나뉜 것이다. **눈을 뜨면 형이 작용하기 때문
에** 문득 정신을 차리고 보니 장주였던 것인데, 그것은 형과 신이
합쳐진 것이다. 이렇게 신과 형은 나뉘었다가 합쳤다가 한다. 합
치면 함께 일체를 이루고, 나뉘면 형은 죽고 신은 가버린다. (조
사문, 『난범진신멸론』)

두 가지 기사 중 하나는 잘 알려진 '나비의 꿈(『장자』「제물
론」)'이고, 또 하나는 강조 부분의 '혼교魂交(혼의 교섭)'라는, 타
자와의 소통(커뮤니케이션)을 논한 기사('자고 있을 때에 혼은 교
섭하고, 눈을 뜨면 형체가 활동한다(其寐也魂交, 其覺也形開)', 『장자』
「제물론」)이다.

'나비의 꿈'이든 '혼의 교섭'이든, 혼을 자기 몸에 가두어진 것이 아니라 처음부터 타자와의 교섭 속에 존재하는 것으로 파악하여, '형'과 '신'의 분리를 전제하고 있다. 조사문이 그 두 가지를 함께 언급한 것은 꿈이라는, 현실에 비해 뭔가 강력한 환원력을 가진 차원에서야 '혼의 교섭'이 충분히 이루어진다고 생각했기 때문이다. 조사문은 또 '형'과 '신'은 분리할 수 있다고 주장했다. 즉, 『장자』에서 이미 꿈과 꿈에 출몰하는 타자와의 혼의 교섭이 인정되고 있는데, 불교의 논의도 그것과 마찬가지라고 말한 것이다.

이런 관점은 범진을 비판한 또 한 명의 중요한 인물인 소침蕭琛에게서도 똑같이 나타난다.

나는 여기에서 꿈을 논거로 삼아, 형신形神이 일체일 수 없음을 증명하고자 한다. 사람이 자고 있을 때, 그 형은 무지한 것인데도 뭔가를 보는 일이 있다. 이것은 신이 유리되어 [다른 것과] 교섭하기 때문이다. 그런데 신은 고립해서 존재하는 것이 아니라 반드시 형기形器에 의지한다. 그것은 마치 사람이 집밖에서 살지 않고 방이 필요한 것과 비슷하다. 그러나 형기는 더럽혀진 질質이고, 방은 닫히고 막힌 공간이다. 그러므로 신이 [유리되었다가] 형으로 돌아오면 그 식識은 조금 어두워진다. 어두워지기 때문에 본 것이 꿈이 되는 것이다. [그것은 마치] 사람이 방으로 돌아오면 그 신이 갑자기 막히고, 막히기 때문에 눈이 침침해지는 것과 같다. 머저 사람은 꿈에서 현허玄虛에 오르기도 하고, 만리나 되는 먼 길을 가기도 한다. 만약 신이 가는 것이 아니라면 이것을 형이 간다고 해야 하는 것일까? 형이 가지 않고 신도 유리되지 않는다면, 도대체 어떻게 이런 일이 일어날 수 있을까?

(소침, 『난신멸론難神滅論』)

자고 있을 때 '형'으로부터 '신'이 유리되고, '신'과 '신'이 서로 '접接(교섭)'하기 때문에, 꿈에서 사물을 볼 수도 있고 먼 곳에 갈 수도 있다. 따라서 '형'과 '신'은 합리合離하는 것이라고 말할 수밖에 없다.

그렇다면 불교도에게 받아들여진 『장자』는 혼의 교섭이라는, 타자와의 소통을 증명하는 텍스트라는 말이 된다. 그리고 그 결과 육체를 벗어나 정신이 존재한다는 것이 확인되고, 윤회나 삼세보응三世報應과 같은 '경이로운 신설新說'(모리 미키사부로)이 보증을 받게 된다.

범진의 반론

역으로 말하면, 범진이 무슨 수를 써서라도 반박해야 했던 것은 혼의 교섭이라는 커뮤니케이션론이었다. 범진은 우선 그것을 지탱하는 논거 역할을 하는 꿈을 다음과 같이 비판했다.

〔조사문의〕 이 비난은 말재간(辨)은 매우 뛰어나다고 할 수 있지

만, 이치(理)를 남김없이 궁구했다고는 말할 수 없다. 당신은 신이 나비가 되어 노닐었다고 말했지만, 그것은 정말로 날아다니는 벌레가 되었음을 가리키는 것인가? 만약 그렇다면, 꿈에 소가 되면 남의 수레를 끌게 되고, 말이 되면 사람을 태우게 된다는 말이다. 그리고 다음날 아침에는 (더 이상 소도 아니고 말도 아니므로) 죽은 소와 말이 있을 것이다. 그런데 그러한 것이 없는 것은 어째서인가? 더구나 창자가 튀어나와 창문昌門*을 에워쌌다고(그런 꿈을 꾸었다고) 한다면, 그 사람은 금세 죽을 터이다. 어떻게 간장肝臟이나 폐를 잃고 살 수 있을까? 또한 해나 달처럼 하늘에 걸려, 동서남북 천 리는 될 만큼 널찍한 것이 부인의 슬하에 내려와 그 회수懷袖에 드는 일 따위는 있을 리 없다. 꿈이나 환상은 허구(虛假)이고, 그러나 오는 것은 없다. 그런데 그것을 일단 실재하는 것이라 여긴다면, 참으로 기이한 일이 된다. 눈을 감으면 천공을 왕래하고, 앉으면 천해天海를 돌아다니는 것은 신이 안에서 흐릿하고 어두워져(昏迷) 있기 때문에 망령되이 그런 기이한 것을 보는 것이다. 장주가 실제로 남쪽 정원을 이리저리 날고, 조간자趙簡子가 진짜로 천문天門에 오르거나 하는 일이 있을 리 없다. 외제外弟 소침도 꿈에 의거하여 장황하게 논하고 있지만 아무도 상대해주지 않을 것이다. (범진, 『답조록사난신멸론答曹錄事難神滅論』)

---

*오왕吳王 합려闔閭가 하늘의 합려문閶闔門을 본떠 세운 문.

그러니까 범진은 '꿈이나 환상은 허구'이기 때문에 실재實在와 는 관계되지 않는다, 따라서 논거가 되지 않는다고 말한 것이다.

과연 여기에서 언급된 『장자』의 나비꿈은 범진이 요구하는 의 미에서 '실재의 사건'은 아닐지도 모른다. 그러나 조사문이나 소 침의 입장에서 보자면, 꿈(변화 자체)은 현실만 존재하는 사태로 부터 이 세계의 존재방식에 파고들기 위한 일종의 통로로서 들 고 나온 것이고, 현실의 깊은 곳을 파내려 한 일종의 과장법이었 을 것이다. 그렇다면 범진이 여기에서 실재라는 기준을 들고 나 온 순간 충분한 반론은 되지 못한다.

물론 조사문이나 소침이 거기에서 끌어낸 결론(형신의 분리합 일이나 신불멸)에 동의하려는 것은 아니다. 범진이 한탄했듯이, 신불멸이라는 귀결을 근거 삼아, 사후의 괴로움과 즐거움으로 사람을 겁주거나 즐겁게 하여서 불교가 이익을 얻은 것도 또한 분명하기 때문이다.

그렇더라도 범진처럼 성급하게 꿈을 허구라고 해서 내치는 것 은 이 세계의 존재방식을 충분히 포착하지 못할 뿐만 아니라, 자 신의 형신상즉론의 근거를 허물어뜨리게 된다. 예를 들면, '형' 과 '신'이 실재에 있어서 상즉의 관계라면, '형'을 나타내는 이름 과 '신'을 나타내는 이름은 일대일로 대응해야 하지만, 실제로는 그렇지 않다. 또한 시비를 판단하는 사려라는 '용(작용)'을 받아 들인다면, 범진은 그것에 실재적으로 상즉하는 '질'로서 '심기心 器'를 들고 나오지 않을 수 없는데, 그렇게 되면 그것을 심장心臟 이라는 특정한 기관에 적용하게 된다. 하지만 사려라는 작용은 심장뿐만 아니라 눈이나 귀 같은 다른 감각기관에도 관계되어 있기 때문에, 이래서는 어긋남이 생겨버린다. 더구나 그렇게 되면, 본래 사려는 특정한 기관에서 자유로운, 한정되지 않은 작용이 아니었느냐 하는 비판에 대해 효과적으로 반박할 수가 없는 것이다.

또한 범진은 꿈이 진실이라면, 꿈에서 깼을 때에 시체가 뒹굴고 있을 터라고 강변했지만, 그 시체에 관해서는 형신상즉론은 기묘하게도 적용되지 않는다. 마치 시체가 실재하지 않는 것처럼 되어버린다. 그리고 만약 시체에 형신상즉론이 적용된다면, 심약沈約이라는 또 다른 비판자가 말한 '사신死神(죽은 정신)'을 상정하지 않을 수 없을 것이다. 결국 범진이 말한 실재성은 매우 한정된 것이고, 그 형신상즉론의 적용범위 또한 한정된 것이라는 사실이 드러나고 만다.

타자론이라는 문제 계열

논의를 되돌려보자. 논거로서의 꿈을 물리침으로써 범진이 반박하려 한 것은 혼의 교섭이라는 커뮤니케이션론이었다. 그렇다면 '혼의 교섭' 자체를 범진은 어떻게 비판했을까? 다음의 인용문을 보자.

만약 [사려가] 내 몸에 기초하지 않고 다른 곳에 두루 머물 수 있는 것이라면, A의 정情이 B의 몸에, C의 성性이 D의 몸에 머물 게 된다. 그러할까? 그럴 리 없다. (범진, 『신멸론』)

앞에서 '사려라는 작용은 특정한 기관인 심장에 대응하는 것이 아니라, 무한정한 것이 아닌가'라는 비판을 소개했는데, 이 인용문은 그것에 대한 범진의 대답이다. 요컨대, 범진은 혼이 타자의 신체에 머문다는 식의 커뮤니케이션 모델을 전면적으로 물리치려 한 것이다. '혼'이 신체를 뛰어넘어 교섭하는 일은 없다.

이에 대해 앞에서 말한 소침은 범진의 논의가 타자와의 소통 가능성 자체를 상실했다고 비판했다.

또한 (범진의 『신멸론』은) "심장이 사려의 뿌리이기 때문에, 사려는 다른 부분에 머물 수 없다"고 기술하고 있다. 이 주장은 입·눈·귀·코에 대해서라면 성립될 수 있겠지만, 타자의 마음에 대해서라면 성립되지 않는다. 왜냐하면, 귀나 코는 몸을 공유하고 있다고 해도, 서로 뒤섞이는 경우는 없기 때문이다. 작용을 주관하는 것이 같지 않고, 기관의 작용이 다르기 때문이다. 그런데 타자의 마음은 저쪽의 형形에 있는데도 서로 교섭할 수 있다. 이것은 신의 원리가 양쪽 다 영묘靈妙하고, 사려의 기능이 자기에게도 타자에게도 작용하고 있기 때문이다. 그러므로 『서경』(「열명說命 상」)에서 "그대의 마음을 열어 내 마음에 부어라", 『시경』(소아·절남산節南山·교언巧言)에서 "타인에게 마음이 있고, 그것을 나는 헤아린다"고 말하고 있다. 제 환공이 관중의 계책을 따르고, 한 고조가 장량의 계책을 썼는데, 둘 다 자기의 형에 기초한 사려를 타인의 부분에 머물게 한 결과이다. 어떻게 'A의 정情이 B의 몸에, C의 성性이 D의 몸에 머물 수 없다'고 말하는가? 그리 말할 수는 없을 터이다. (소침, 『난신멸론』)

소침이 의거하고 있는 것은 '신'이 타자의 '형'에 기탁한다는 커뮤니케이션 모델이다. 그것을 범진이 인정하지 않는 이상, 이 비판은 과녁에 적중한 것은 아닐 터이다. 그러나 여기에서 중요한 것은 소침이 '타자의 마음'이라는 문제 계열을 세워, 타자와의 소통을 범진의 논의로는 설명할 수 없다고 비판한 점이다.

바꿔 말하면, 문제는 범진과 불교도 중 어느 쪽이 좀 더 타당하냐는 결론을 내리는 것이 아니다. 그보다 중요한 것은 신멸불멸론을 통해서, 나아가 그 속에서의 『장자』 독해를 통해서 타자론이라는 문제 계열이 떠올랐다는 점이다.

상상해보자. 나의 '정'이 타인에게 머물고, 나비의 '성'이 나에게 머무는 것을. 이것은 인간에만 한정될 필요도 없는, 인간이나 동물 같은 혼의 장르를 뛰어넘어 교섭하는 사태이다. 타자의 마음과의 이러한 교섭을, 타자와의 동일화도 아니고 동물의 의인화도 아니며 모방하는 것도 아니고 동정하지도 않는 방식으로 사고하는 사태. 또한 허구로서의 꿈도 아니고 환상도 아니며 온전한 현실성으로서 사고하는 사태. 바로 이것이 중국사상에 있어서 혼론魂論과 타자론의 가능성의 중심인 것이다.

그리고 조사문이나 소침 같은 불교도에 의한 『장자』 독해는 이

가능성을 희미하게 엿볼 수 있게 한다. 그것은 '만물제동'이라기보다 '다른 존재가 된다'는 '물화物化'를 『장자』 독해에서 강조하며, 타자와의 소통이라는 문제 계열을 개척하고 있다.

도교와 『장자』 ①
― 성현영 『장자소』

그건 그렇다 치고, 불교 이상으로 『장자』와의 관계가 강조되어온 것이 도교이다. 도교에서는 『장자』를 『남화진경南華眞經』, 장자를 남화진인南華眞人이라 부른다.

『장자』의 주석으로 곽상주가 있다는 것은 이미 언급했는데, 또 하나 중요한 주석으로 들 수 있는 것이 성현영成玄英의 소疏이다. 성현영은 당대唐代 초기에 활약한 도사로, 도교와 불교 사이의 논쟁인 불도佛道 논쟁에 참여하기도 했고, 『노자』를 범어로 번역하는 기획에 관여하기도 했다. 저작으로는 『노자도덕경의소老子道德經義疏』 5권, 『노자도덕경서결의소老子道德經序訣義疏』 1권, 『노자도덕경개제老子道德經開題』 1권, 그리고 『장자소莊子疏』 30권이 있다.

이러한 경력과 저작에서도 알 수 있듯, 성현영은 불교에도 정통하고 『노자』를 중시하는 입장에서 『장자』에 관심을 보이고 있다. 성현영은 연구자들이 '중현파重玄派'라고 부르는 그룹에 드는데, '중현重玄'이란 『노자』 제1장의 '가믈고 또 가믈다(玄之又玄)'라는 구절에 기초한 말로, "어떤 것에도 얽매이지 않고, 그 얽매이지 않는 것에도 얽매이지 않는"(스나야마 미노루砂山稔, 「도교의 성립과 역사: 11개 장으로 구성하는 도교사」, 사카데 요시노부坂出祥伸 편, 『도교 대사전』, 34쪽) 경지를 보이는 것을 가리킨다. 요코테 유타카橫手裕(『중국 도교의 전개』, 48쪽)에 따르면, '중현'은 불교의 '유무중도有無中道'의 사상'에서 영향을 받고 있다. 즉, '유'를 부정하고 '무'를 주장하지만, 그러나 그 '무'에도 얽매여서는 안 되기 때문에, '유' '무'를 벗어난 '중도'를 중시하는 사상이다. 성현영 식으로 말하자면 '일중一中' 혹은 '중일中一' 같은 용어로 표현되는 것이다(나카지마 류조中島隆藏, 「성현영의 '일중' 사상과 그 주변」, 히라이 슌에이平井俊榮 감수, 『삼론교학 연구』).

그렇다면 성현영은 『장자』를 어떻게 해석하려 했을까? 서문을 살펴보자.

> 대저 『장자』는 도덕의 심근深根을 말하고, 중현의 묘지妙旨를 말하고, 무위의 염담恬淡을 말하고, 독화獨化의 요명窅冥〔깊숙이 들어가 있어 어두운 모양〕을 밝힌다.
>
> 夫莊子者, 所以申道德之深根, 述重玄之妙旨, 暢無爲之恬淡, 明獨化之窅冥. (성현영, 「장자서莊子序」)

여기에 거론된 핵심단어는 '도덕' '중현' '무위' '독화' 네 가지이다. 이 가운데 '제동' 혹은 '제물'이 없는 것도 중요하지만, 그보다 주의해야 할 것은 앞의 세 가지가 『노자』에서 유래하는 데 비해, '독화'가 곽상의 용어라는 점이다. '소'라는 것은 주에 대한 해석이기 때문에, 성현영소가 곽상주를 염두에 둔 것은 당연하다면 당연한 일이다. 그렇다고 해도 성현영의 해석태도에는 '독화'를 일부러 글머리에 언급할 만큼 곽상을 계승하려는 경향이 명백히 드러나 있다.

곽상의 '독화'가 '자연'이나 '자득自得'에 관계된 개념이고, 만물이 스스로의 '성'으로서 정해진 '분'에 자족하는 세계를 실현하려 하는 것이라는 점은 이미 설명했다. 거기에서 다음 부분을 인용했던 것을 상기해보자.

여기에서 기술하고 있는 의미는, 성性에는 각각 분分이 있고, 지혜로운 자(知者)는 지知를 지킨 채 명命을 마치고, 어리석은 자(愚者)는 어리석음(愚)을 끌어안은 채 죽음에 이르는 것이어서, 도중에 그 성을 바꿀 수는 없다는 말이다.

言性各有分, 故知者守知而待終, 愚者抱愚而至死, 豈有能中易其性者也. (곽상, 『장자』 「제물론」 주)

같은 부분에 대해 성현영은 다음과 같은 해석을 붙이고 있다.

대저 형과 성을 품수稟受함(받음)에 각각 분한分限이 있다. 어리석음을 고쳐서 지혜롭게 될 수 없고, 추한 것을 예쁘게(妍) 바꿀 수 없다. 형과 성이 한번 성립되면, 도중에 잃는 일도 없고, 그저 그 분을 지켜 천수를 누리는 것을 기다릴 뿐이다.

夫稟受形性, 各有涯量, 不可改愚以爲智, 安得易醜以爲妍. 是故形性

一成, 終不中途亡失, 適可守其分內, 待盡天年矣. (성현영, 『장자』「제
물론」소)

이와 같이 성현영 역시 인간을 포함한 만물이 그 '성'으로서
정해진 '분'을 지킬 것을 강조하고 있다.

그렇다 하더라도 성현영이 곽상과 완전히 같은 것은 아니다. 특
히 '제동'과 '무'에 관해서는 차이가 엿보인다. 우선 '제동'에 관
해서 곽상은, 이것 역시 이미 인용한 부분인데, 이렇게 말했다.

여기에서 '가지런하다(齊)'는 것은 형상이 가지런하다든지 척도
가 같다든지 하는 것이 아니다. 종횡·미추·회궤휼괴恢恑憰怪〔괴
물 같은 것)가 각각 자기가 그렇다고 여기는 것을 그렇다고 여
기고, 자기가 옳다고 여기는 것을 옳다고 여기고 있는 것이어서,
형태는 각각 전혀 다르다고 해도, 성性은 똑같이 얻을 수 있다는
말이다. 그러므로 '도는 하나에 통해 있다'고 말하는 것이다.
所謂齊者, 豈必齊形狀, 同規矩哉. 故擧縱橫好醜, 恢恑憰怪, 各然其
所然, 各可其所可, 則形雖萬殊而性同得. 故曰道通爲一也. (곽상, 『장
자』「제물론」주)

즉, 곽상은 여기에서 '형상이 가지런하다든지 척도가 같다든
지 하는 것이 아'닌 '가지런함'을 언급하고 있다. 그것은 대大가
대에 자족하여 성립된 이 세계와, 소小가 소에 자족하여 성립되
는 이 세계가 동일한 '제동'이었다.

그런데 같은 부분을 성현영은 다음과 같이 해석하고 있다.

대저 종횡縱橫·미악美惡이란 물物이 만수萬殊한(여러 가지로 다른) 까닭을 드러내고, 회궤휼괴란 세상 사람들의 정이 그것을 받아들여 전도된 것이다. 그리하여 시비나 가·불가可不可가 생기고, 그 분에 미집하게 된다. 지금 현도(심오한 도)의 관점에서 보자면, 본래는 둘이 아니다. 미추라는 모습이 만수해도, 자득의 정은 그저 단 하나이다. 그러므로 '도는 하나에 통해 있다'고 말하는 것이다.

夫縱橫美惡, 物見所以萬殊. 恢憰奇異, 世情用(之)爲顚倒. 故有是非可不可, 迷執其分. 今以玄道觀之, 本來無二, 是以妍醜之狀萬殊, 自得之情惟一, 故曰道通爲一也. (성현영, 『장자』 「제물론」 소)

여기서 성현영은 '그 분에 미집하'는, 즉 미혹된 마음으로 사물에 집착하는 것을 물리치고 있다. 이것은 앞에서 인용한 '그저 그 분을 지'킨다는 성현영 자신의 말과 어긋나고, 곽상이 '자기가 그렇다고 여기는 것을 그렇다고 여기고, 자기가 옳다고 여기는 것을 옳다고 여기고 있는 것이어서, 형태는 각각 전혀 다르다고 해도, 성性은 똑같이 얻을 수 있다는 말이다'라고 한 것과도 엇갈린다.

그렇다면 곽상과의 차이는 어디에서 연유하는 것일까? 하나는 성현영이 생각하는 '제동'이 곽상과는 달리 '현도(심오한 도)의 관점에서 보자면, 본래는 둘이 아니'라는 말에서 볼 수 있듯,

'현도'라는 초월적인 입장에서 모든 차이를 하나로 묶으려 하기 때문일 것이다.

또 하나는(결국에는 같은 말이겠지만) '제동'을 지탱하는 논리로서의 '무'를 파악하는 방식이 곽상과 다르기 때문이다. 장자가 아내를 잃었을 때 '다리를 뻗고 느긋하게 앉아, 질그릇을 두드리며 노래를 불렀다(方箕踞鼓盆而歌)'는 부분의 해석에서 성현영은 이렇게 말하고 있다.

> 장자는 성인이어서 영묘靈妙하게 근본까지 도달해 있다. 그래서 대원大元의 처음을 관찰해보면, 애초에 무에서 태어났고, 아직 태어나기 전에는 형질形質도 없었고, 형질이 없기 전에는 기도 없었다. 무에서 유가 발생하고, 잠시 합쳐져 이렇게 된 것이니, 이 몸은 서운해 하고 안타까워할 것이 없음을 알았던 것이다.
>
> 莊子聖人, 妙達根本, 故觀察初始本自無生, 未生之前亦無形質, 無形質之前亦復無氣. 從無生有, 假合而成, 是知此身不足惜也. (성현영, 『장자』「지락」소)

여기에서 다시 『노자』＝왕필소의 '존재론적 근원자'로서의 '무'가 등장한다. 그런데 곽상의 입장에서 '무'는 '애초에 물을 만들어낼 수 없'는(『장자』「천지」주) 것이라, '무에서 유가 발생한다'는 『노자』식의 해석을 갖고 들어올 여지가 없었다. 이렇게 '무'를 '근본'에 두는 것은 이미 보았듯이 성현영이 『노자』를 중시하고 있기 때문이고, '중현重玄'이라는 생각이 불교의 '유무중도有無中道의 사상'에서 영향을 받았기 때문이다.

그렇다면 성현영의 『장자』 해석은 '제동'이든 '무'이든, 이제까지 얼마간 언급했던 근현대 일본의 『장자』 해석과 그 방향성에서 거의 겹친다는 사실을 알 수 있을 것이다. 거꾸로 말하면, 『장자』 해석에 대해서 『노자』 해석과 불교 교설이 절대적인 영향을 끼치고 있다는 사실을 엿볼 수 있는 것이다.

도교와 『장자』 ②
— 갈홍葛洪 『포박자抱朴子』

어쨌든 성현영이 상세한 주석까지 단 이상, 『장자』가 도교의 경전으로서 중요하다는 사실은 두말할 나위가 없다. 다만 『노자』에 비하면 그 중요성이 현격히 떨어진다. 예컨대, 도교의 전개 과정에서 노자가 태상노군太上老君이라는 높은 신격神格을 부여받은 데 비해, 장자는 진인眞人으로 존숭되는 정도에 불과하다. 그 이유를 고찰하기 위해 성현영에서 곽상의 시대로 되돌아가보자. 동진東晉 시대에 갈홍이 『포박자』를 지었다. 이 책은 신선설을 도교이론으로 확립하고, 신선이 되기 위한 방법을 보여준다. 그런데 그 속에 이미 노자와 장자를 달리 취급하고 있다.

우선 노자에 대해서는 다음과 같이 기술하고 있다.

어떤 사람이 나를 비난하여 말했다.

"사람 가운데 노자·팽조彭祖[옛날 [전설상의] 장수했던 인물]는 나무 중에서 소나무·잣나무 같은 것입니다. 장수長壽는 타고나는 것이고, 배워서 얻을 수는 없는 것입니까?"

포박자가 말했다.

"머저 만물 가운데 인간보다 현명한 존재는 없다. 그러므로 얕은 지식밖에 없는 이라도 만물을 이용할 수 있다. 깊은 지혜를 깨친 이는 불로장생할 수 있다. 좋은 약이 수명을 늘린다는 사실을 알기에 그 약을 복용하여 선인仙人이 되려 하고, 거북이나 학이 장수한다는 사실을 알기에 그 도인導引[호흡운동. 장생법의 하나. 거북이 호흡하고 굴신屈伸하는 법을 모범으로 삼는 것은 『사기』「귀책전龜策傳」에 보인다]하는 법을 본받아 목숨을 늘리는 것이다.

게다가 소나무나 잣나무의 지엽枝葉은 다른 나무들과 다르다. 학과 거북의 몸매는 다른 동물과 다르다. 그런데 노자·팽조를 보면, 용모·체격은 보통 사람과 다를 게 없다. 인종이 다른 게 아닌데도 두 사람만 수명이 길었던 것은 도를 깨쳤기 때문이지, 나면서부터 타고난 것이 아니다. 나무는 소나무·잣나무를 따라할 수 없다. 날짐승과 들짐승은 학이나 거북을 따라할 수 없다. 그러므로 단명한 것이다. 인간은 현명한 이가 노자·팽조의 도를 닦을 수 있다면, 노자·팽조와 마찬가지로 오래 살 수 있을 것이다.

或人難曰: "人中之有老彭, 猶木中之有松柏, 稟之自然, 何可學得乎?"

抱朴子曰: "夫陶冶造化, 莫靈於人, 故達其淺者, 則能役用萬物, 得其

深者, 則能長生久視. 知上藥之延年, 故服其藥以求仙, 知龜鶴之遐壽, 故效其道引以增年. 且夫松柏枝葉, 與衆木則別. 龜鶴本貌, 與衆蟲則殊. 至於彭老猶是人耳, 非異類而壽獨長者, 由於得道, 非自然也. 衆木不能法松柏, 諸蟲不能學龜鶴, 是以短折耳. 人有明哲, 能修彭老之道, 則可與之同功矣."(갈홍,『포박자 내편』「대속對俗」, 45~46쪽)

갈홍은 노자나 팽조를 선인으로 인정하고 있지만, 그것은 '나면서부터 타고난 것이 아니다'. 그들이 양생을 통해 '도를 깨쳤기 때문에' 불로장생을 손에 넣었던 것이다〔구체적인 양생법으로는 약(금단金丹)을 복용하거나, 행기行氣(기를 몸 안에 돌게 하는 기법), 도인(체조하는 방법), 방중술(남녀의 기를 섞는 기법)을 들고 있다〕. 즉, 갈홍은 신선을 양생의 연장으로 파악한 것이다.

그러면 갈홍은 장자를 어떻게 보았을까? 갈홍은『장자』라는 책을 다음과 같이 비판하고 있다.

문자文子〔노자에게 가르침을 받아『문자文子』를 썼다고 한다. 당대唐代에 통현진인通玄眞人이라는 호를 추증받았다〕·장자·관령 윤희關令尹喜〔노자가 서쪽으로 떠날 때,『도덕경』을 써주었던 관수關守.『관윤자關尹子』는 그의 저작이라 한다〕 같은 이는 문장을 지어, 황제〔중국의 전설상의 제왕으로 도교의 개조라 여겨지는 인물〕·노자를 조술祖述하고, 허무의 도를 밝혔다고는 하지만, 대지大旨를 부연했을 뿐이고 끝내 탁월한 설은 내놓지 못했다. 또한 개중에는 '사생을 한가지로 여긴다', 즉 삶과 죽음이 다를 바 없다고 말하고, 삶은 고역이고 죽음은 휴식이라고 말하는 이가 있다(장자를 가리킴). 이러서는 신선에서 천억 리는 멀어진다. 이러한 서물은 읽을 필요가 없다.

至於文子·莊子·關令尹喜之徒, 其屬文筆, 雖祖述黃老, 憲章玄虛, 但演其大旨, 永無至言. 或復齊死生, 謂無異以存活爲徭役, 以殂歿爲休息, 其去神仙, 已千億里矣. 豈足耽玩哉! (같은 책, 「석체釋滯」편, 160쪽)

불로장생을 지향하는 갈홍의 입장에서 보면, '사생을 한가지로 여'기고 '삶은 고역이고 죽음은 휴식'이라 하여 마치 죽음을 바라는 듯한『장자』는 떨떠름한 책이었다.

그렇다고 해도 그것은『장자』독해의 한 갈래에 불과하고, 이미 곽상이 '구설에서는 장자가 죽음을 즐기고 생을 미워한다고 하지만, 그 설은 잘못이다'(곽상,『장자』「지락」주)라고 비판했던 해석이다.

갈홍의 이러한『장자』비판에 근거하여,『장자』를(나아가서는『노자』까지) 도교에서 잘라내려는 시도가 일본에서 이루어졌다.

그러나 장자가 신선설의 존재를 알고 있었다는 것이 사실이라 해도, 그것을 신봉했는지 여부는 별개의 문제이다. 나중에 서술하겠지만, 장자의 무위자연의 입장은 노자와 마찬가지로 신선설과는 양립할 수 없는 것이다. (…)

더욱이 장자와 신선설이 양립할 수 없는 유력한 이유가 있다.

그것은 장자의 핵심이 만물제동설에 있다는 점이다. 장자에 따르면, 만물에 차별을 두는 것은 인위적인 지식에 의한 것이고, 자연의 세계에서는 상대相對나 차별이 전혀 없고, 모든 것이 평등하다. 만물제동의 입장에서 보면, 생을 기뻐하고 죽음을 미워하는 것은 잘못이고, 사생을 한가지로 여기는 것이 달인의 경지이다.

장자가 사생을 한가지로 여긴다는 설만큼 신선설이나 도교의 입장과의 차이를 명확히 보여주는 것도 없다. 이것은 도교의 근본원리를 최초로 구성했다고 하는 갈홍(283-343?)도 잘 이해하고 있었다. 그의 저서 『포박자』는 노자를 신선설의 개조로 존중함에도 불구하고, 장자의 책은 신선설을 부정하는 것이니 읽을 필요 없다고 강조한다. (모리 미키사부로, 『노장과 불교』, 36-37쪽)

모리 미키사부로는 '만물제동'이라는 '장자의 핵심'과 도교의 신선설이 양립할 수 없다고 말한다. 그러고는 앞서 언급한 「석체」 편을 인용했다. 그러나 갈홍이 비판한 것은 '사생을 한가지로 여기는 설'이 '생을 기뻐하고 죽음을 미워'하는 것을 부정하기 때문이라기보다는 '생은 고역이고 죽음은 휴식이다'라고 이해된 점이다. '만물제동'은 이미 곽상에 대해 논한 부분에서 언급했듯이, 반드시 '자연의 세계에서는 상대나 차별이 전혀 없고, 모든 것이 평등하다'는 설이 아니다. 곽상에 따르면, 그것은 만물 각각에 부여된 조건을 남김없이 발현하는 한, 각각의 '세계'가 같다는 설이다.

그렇다면 '사생을 한가지로 여기'는 것이 동시에 생에 있어서는 생을 남김없이 향수하는 것이어도 전혀 상관이 없는 것이다. 그래서 도교의 입장에서는 장자가 생을 향수하는, 즉 생을 기르는 사상의 자원으로 독해되었던 것이다.

모리가 '노장'을 도교에서 분리시키고자 시도한 것은 아마도 그 배후에 전자(노장)는 철학인 데 비해 후자는 종교였다고 보는 일종의 근대주의적 분할이 개입했기 때문일 것이다. 그에 비해, 후쿠이 후미마사는 '도가'와 '도교'가 별개의 것이 아니라고 되풀이해서 주장했는데, 그것은 철학과 종교의 분할을 전제로 한 노장해석·도교해석을 묵과할 수 없었기 때문이다(사카이 다다오酒井忠夫·후쿠이 후미마사福井文雅,「도교란 무엇인가」, 후쿠이 고준福井康順 감수,『도교 제1권: 도교란 무엇인가』).

다시 갈홍으로 돌아가자. 어떤 사람이 선도 수행과 세간의 일을 양립시키는 것에 대해 묻자 갈홍은 황제, 팽조 이하 몇 명의 선인을 거론했는데, 거기에 장자도 포함되어 있었다(갈홍,『포박자』「석체」). 그러니까 '진인'으로서의 장자는 갈홍에게도 중요했던 것이다. 또한『포박자』도처에『장자』에서 인용한 문장이 등장한다는 사실도 기억해야 할 것이다. 예를 들어 권두의「창현暢玄」편에 이런 말이 있다.

세간에서 칭찬해도 멍하니 기뻐하지 않는다. 여럿이 입을 모아 비난해도 담담히 흔들리지 않는다. 외물에 의해 정신을 어지럽히는 일이 없고, 이해에 따라 순수함을 더럽히는 일이 없다.

그러므로 더할 나위 없는 부귀도 이 사람을 유혹하기에 부족한데, 그 나머지 것들이 어찌 이 사람을 기쁘게 할 수 있겠는가? 긴 칼, 끓어오르는 커다란 솥도 이 사람을 위협하기에 충분하지 않은데, 헐뜯는 말이 어찌 이 사람을 슬프게 할 수 있겠는가? 온갖 번뇌에 늘 무관하고, 일찍이 사물과 같은 차원에 뒤섞이는 적이 없었다.

藐然不喜流俗之譽, 坦爾不懼雷同之毁, 不以外物汨其至精, 不以利害汚其純粹也. 故窮富極貴, 不足以誘之焉, 其余何足以悅之乎? 直刃沸鑊, 不足以動之焉, 謗讀言何足以戚之乎? 常無心於衆煩, 而未始與物雜也. (갈홍, 『포박자 내편』「창현」)

후쿠나가 미쓰지福永光司에 따르면, 이것은 『장자』「각의刻意」편에 나오는 '양신養神'에 대한 내용에 입각한 기술이라고 한다(후쿠나가 미쓰지, 『장자』 외편·중中, 133~134쪽). 그렇다면 도교에서는 장자(그리고 『장자』)가 노자(그리고 『노자』)보다는 중요성이 떨어진다고 해도, 어느 정도 참조해야 할 대상으로 기능하고 있었다는 것을 알 수 있다.

그러면 도교에서는 『장자』의 어떤 것을 참조했을까? 단적으로 말하면, 그것은 신선설과 양생사상이다.

'양형養形'과 '양신養神'
──『장자』의 신선설과 양생사상

　모리가 부정적으로 언급했듯이, 『장자』에는 신선이라는 초인적인 존재를 말하는 신선설이 있다. 예를 들어 다음의 문장이 그러하다.

　막고야 산에 신인이 있다. 살갗이 얼음이나 눈처럼 희고 부드러워 젊은 아가씨 같다. 오곡을 먹지 않고, 바람을 들이마시고 이슬을 먹는다. 운기雲氣를 타고 비룡을 몰아 사해 바깥에 노닌다.
　邈姑射之山, 有神人居焉, 肌膚若氷雪, 綽約若處子. 不食五穀, 吸風飮露, 乘雲氣, 御飛龍, 而遊乎四海之外. (『장자』「소요유」)

　진인이란 무엇인가? 옛 진인은 가난하더라도 마음 상하지 않고 넉넉하더라도 거들먹거리지 않으며, 부러 일을 도모하지도 않았다. 이러한 사람은 가령 잘못을 범해도 후회하지 않고, 일이 잘되어도 우쭐거리지 않는다. 이러한 사람은 높은 곳에 올라도 떨지 않고, 물에 들어가도 젖지 않으며, 불에 들어가도 뜨겁다고 생각지 않는다. 이것은 **그 앎이 도에 이르렀기** 때문이다.
　옛 진인은 잠들어도 꿈을 꾸지 않고, 잠이 깨어도 근심이 없었다. 먹을 때 맛있는 것을 구하지 않고, 숨결은 깊고 깊었다. 진인(참 사람)이 발뒤꿈치로 숨을 쉬는 데 비해, 중인(뭇 사람)은 목구멍으로 숨을 쉰다. 중인은 남에게 굴복하여 그 말이 목구멍에

걸려 어물어물하고, 욕심이 많아 천분이 얕다.

何謂眞人? 古之眞人, 不逆寡, 不雄成, 不謨士. 若然者, 過而弗悔, 當而不自得也. 若然者, 登高不慄, 入水不濡, 入火不熱. 是知之能登假於道者也若此.

古之眞人, 其寢不夢, 其覺無憂, 其食不甘, 其息深深. 眞人之息以踵, 衆人之息以喉. 屈服者, 其嗌言若哇. 其耆欲深者, 其天機淺. (『장자』「대종사」)

'신인'이나 '진인' 외에도 『장자』에는 '천인天人'이나 '지인至人'이라는 표현이 등장한다(『장자』「천하」). 모두 인간의 능력을 벗어난 능력의 소유자로, 천지를 이리저리 날아다니고, 물과 불을 아무렇지도 않게 여기는 참으로 신선 같은 존재이다. 이러한 신선의 이미지는 많은 고대 문헌에 보이는 것으로 『장자』에만 있는 것은 아니다. 『장자』가 흥미로운 것은 신선이 되기 위한 방법을 묘사하고 있는 점이다.

「대종사」편에서 인용한 부분을 보면, '진인'은 '그 앎이 도에 이르렀'다고 쓰여 있다. '도'를 얻을 수 있으면, 인간은 신이 될 수 있다. 인용한 부분(「대종사」) 한참 뒤쪽을 보면, 장자는 '도'를 얻은 신선의 예로 열 몇 명의 이름을 드는데, 거기에는 황제나 서왕모西王母, 그리고 팽조 같은 도교에서 중요시하는 신의 이름도 들어 있다.

그러나 구체적으로 어떻게 해서 '도'를 얻어 신선이 되는 것인가? 여기에서 『장자』가 들고 나온 것이 '양생(생을 기름)'이다.

「소요유」편의 인용 부분에 '신인'은 '오곡을 먹지 않고, 바람을 들이마시고 이슬을 먹는다'라는 말이 있었다. 이것은 도교의 양생술에서 중시하는 벽곡辟穀(곡물을 먹지 않음)이라는 식사법이나 호흡법에 해당되는 것이다. 다만 『장자』는 육체에 적극적으로 개입하는 양생에 무게를 두지는 않았다.

> 취구호흡吹呴呼吸(기를 버벌었다 들이마셨다 하는 것), 토고납신吐故納新(묵은 기를 벌어버리고 새로운 기를 들이마시는 것), 웅경조신熊經鳥申하는(곰처럼 일어서고 새처럼 목을 빼는) 것은 오래 살려고 하는 것뿐이니, 도인하는 선비나 몸뚱이를 기르는 사람이나 팽조와 같이 오래 사는 사람이 좋아하는 일이다.
> 吹呴呼吸, 吐故納新, 熊經鳥申, 爲壽而已矣. 此導引之士, 養形之人, 彭祖壽考者之所好也. (『장자』「각의」)

여기서는 호흡법과 더불어 '도인導引'도 언급하고 있다. 그리고 장수를 상징하는 팽조라는 신의 이름을 거론하고 있는데, 『장자』는 이러한 양생은 '양형養形(몸뚱이를 기르는 것)'이라 여겨 낮추어보고 있다(『장자』「달생」). 그것은 '오래 살려고 하는 것뿐'이기 때문이다.

그러면 어떠한 양생이 이상적인 것인가? 『장자』는 그것을 '양신(정신을 기르는 것)'이라 불렀다.

그러므로 옛말에 '순수하여 섞이지 않고, 고요하고 한결같아 변하지 않으며, 담담하여 애쓰는 일이 없고, 하늘의 운행을 따라 움직이는 것'이라 이른 것이다. 이것이 정신을 기르는 도이다.

故曰, 純粹而不雜, 靜一而不變, 淡而無爲, 動而天行, 此養神之道也.
(『장자』「각의」)

중니(공자)가 말했다. "너는 뜻(마음의 생각)을 한데 모아라. 귀로 듣지 말고 마음으로 들어라. 더 나아가 마음으로 듣지 말고 기氣로 들어라. 귀는 듣는 데서 그치고, 마음은 물에 부합符合되는 데 그친다. 그에 비해 기는 허하여(비어 있어) 물을 기다리는 것이다. 오직 도는 허(빔)에 모인다. 이 허가 심재心齋(마음의 재계)이다."

仲尼曰: "若一志, 無聽之以耳而聽之以心, 无聽之以心而聽之以氣! 耳止於聽, 心止於符. 氣也者, 虛而待物者也. 唯道集虛. 虛者, 心齋也."
(『장자』「인간세」)

'양신'이란 '마음의 생각을 한데 모'으는 것 혹은 '마음의 재계'를 통하여 철저하게 순수해지는 것이다. 그것이 쉽지 않으리란 것은 상상하기 어렵지 않은데, 만약 '양신' 그리고 '양형'을 통해 '도'를 얻을 수 있다면, 이것은 도교의 입장에서도 환영할 만한 생각이 아니었을까.

신선설과 양생사상의 관계
— 혜강과 갈홍

발단을 따지자면, 신선설과 양생사상은 별개의 두 이론이었다. 전자는 보통 사람이 미치지 못할 신선(죽지 않고 영생하는 초인)을 그리는 데 비해, 후자는 불로장생을 위해 어쩌면 보통 사람도 시도할 만한 신체기법을 말하고 있기 때문이다(진중기陳仲奇, 「도교 신선설의 성립에 대하여」, 『종합정책논총』 제1호).

혜강의 '명교名教를 넘어서 자연에 맡기는' 설에 대해서는 앞에서 언급했는데, 그 혜강이 '신선'과 '양생'에 대해서 다음과 같이 기술하고 있다.

세상에는 배워서 신선이 될 수 있고, 노력하면 불사에 이를 수 있다고 말하는 사람이 있다. 또한 가장 오래 산 것은 120살이고, 그것은 고금이 마찬가지이며, 그것을 뛰어넘어 오래 살았다는 것은 엉터리라고 말하는 사람이 있다. 하지만 두 가지 설은 모두 사실이 아니다. 시험 삼아 그것을 논해보자.

〔처음 설에 대해서는〕 먼저 신선이란 눈에 보이지 않는 것인데 책에 기록되어 있다. 전사前史에도 전해져 분명히 논하고 있으니, 그것은 반드시 존재하는 것이다. 그러나 신선은 특별히 이기異氣(보통 사람과는 다른 기)를 받은 존재로, 자연히 몸에 얻게 되는 것이지, 배워서 이를 수 있는 것은 아니다.

〔또 하나의 설에 대해서는〕 양생의 이치를 얻으면, 성명性命을 다

할 수 있어, 길게는 천여 년, 짧아도 수백 년은 살 수 있다. 그러나 세상 사람들은 모두 그것에 정통하지 않기 때문에, 장수를 얻지 못할 뿐이다.

世或有謂神仙可以學得, 不死可以力致者. 或云上壽百二十, 古今所同, 過此以往, 莫非妖妄者. 此皆兩失其情, 請試粗論之. 夫神仙雖不目見, 然記籍所載, 前史所傳, 較而論之, 其有必矣. 似特受異氣, 稟之自然, 非積學所能致也. 至於導養得理, 以盡性命, 上獲千餘歲, 下可數百年, 可有之耳. 而世皆不精, 故莫能得之. (혜강, 「양생론養生論」)

즉, 혜강은 '신선'은 '이기'를 받은 존재이고, 보통 사람과 완전히 동떨어진 존재이기 때문에 배워서 이를 수 없지만, '양생'은 배울 수 있다고 말하고 있다.

이런 견지에서 보면, 『장자』의 주장은 신선설과 양생사상을 결합시킨 것이기 때문에, 도교적인 관점에서는 바람직한 것이다. 사실 갈홍은 '양생'을 배워서 선인이 될 수 있다고 생각했다. 이미 인용한 『포박자』에 '인간도 현명한 이가 노자·팽조의 도를 닦을 수 있으면, 노자·팽조와 마찬가지로 장수할 수 있다'(갈홍, 『포박자 내편』「대속」)는 문장이 있었던 것을 생각해보라. 그와 더불어 다음의 문장을 보자.

만약 선인이라면, 약물로 몸을 기르고 기술로 수명을 늘리며, 내부질환이 생기지 않게 하고, 외계에서의 해로움이 몸에 들어오지 못하게 한다. 오래오래 죽지 않는데, 더구나 젊을 때의 몸 그대로이다. 만일 이 도를 이해할 수 있다면 어려운 일이 아니다.

若夫仙人, 以藥物養身, 以術數延命, 使內疾不生, 外患不入, 雖久視不死, 而舊身不改, 苟有其道, 無以爲難也. (같은 책,「논선」편, 25쪽)

대저 불로장생을 구하여 지고의 도를 닦는 비결은 본인의 뜻에 있지 부귀에 있지 않다. 그 마땅한 사람이 아니라면, 높은 지위와 넉넉한 재물은 도리어 방해가 된다. 왜냐하면 선도를 배우는 법은 편안하고 담담히 욕심을 없애고, 외계에 눈과 귀를 돌리지 않고 내부로 돌리며, 마른 나무처럼 앉아서 무심해지는 것을 요구한다(요구하기 때문이다).

夫求長生, 修至道, 訣在於志, 不在於富貴也. 苟非其人, 則高位厚貨, 乃所以爲重累耳. 何者? 學仙之法, 欲得恬愉澹泊, 滌除嗜欲, 內視反聽, 屍居無心. (같은 책,「논선」편, 31쪽)

『장자』의 어법을 빌리자면, 갈홍 또한 '양형'뿐만 아니라 '양신'을 통해 신선이 되기를 구했던 것이다. 이런 점에 한정하면, 갈홍은 참으로『장자』적이라고 말해도 좋다.

그렇다고 해도 갈홍과『장자』는 신선의 이상적인 존재방식에서 차이나 난다. 갈홍이 중점을 두고 있는 것은 양생사상이지, 신선이 되어 천지를 이리저리 날아다니기를 바란 것은 아니다. 갈홍은 팽조의 말을 인용하면서 이렇게 말하고 있다.

팽조는 또 이렇게 말했다.

"옛 선인 중에는 몸에 깃털이 돋아 학이 되어 하늘을 난 사람도 있다. 본래의 인간의 모습을 잃고 완전히 다른 존재가 되는 것은, 참새가 조개가 되고 꿩이 대합이 되는(『예기』「월령」) 것과 비슷하니, 인간의 이상은 아니다. 인간의 이상은 맛있는 것을 먹고 가볍고 따뜻한 옷을 입고 남녀의 교접을 나누며, 높은 봉급을 받고 눈과 귀는 언제나 밝고 뼈 마디마디가 튼튼하며, 얼굴빛은 윤기가 나고 늙어도 쇠하지 않으며, 오래오래 죽지 않고 출처진퇴出處進退는 생각대로 이루어지는 것. 추위와 더위, 바람이나 습기가 내 몸을 아프게 할 수 없다. 귀신이나 정령도 해를 끼치지 못한다. 칼이나 창, 온갖 독물도 내 몸에 탈을 일으키지 못한다. 근심과 기쁨, 훼예포폄毁譽褒貶을 걱정하지 않는다. 인간에게는 이것이 귀한 것이다. 만약 처자를 버리고 홀로 산야에 살며, 외로이 남과 사귀는 일도 없이 뚝 떨어져 나무나 돌처럼 누워 있다면 그다지 좋을 것도 없다. (…)

요약해서 말하자면, 사람이 불로장생을 바라는 것은 바로 오늘의 쾌락을 아쉬워해서일 따름이다. 본래 하늘에 오르는 일에 급급해서가 아니다. 공중을 날아본들 지상에서보다 즐거운 일도 아닐 테니까.

又云, 古之得仙者, 或身生羽翼, 變化飛行, 失人之本, 更受異形, 有似雀之爲蛤, 雉之爲蜃, 非人道也. 人道當食甘旨, 服輕暖, 通陰陽, 處官秩, 耳目聰明, 骨節堅强, 顔色悅懌, 老而不衰, 延年久視, 出處任意, 寒溫風濕不能傷, 鬼神衆精不能犯, 五兵百毒不能中, 憂喜毁譽不爲累, 乃爲貴耳. 若委棄妻子, 獨處山澤, 邈然斷絶人理, 塊然與木石爲

隣, 不足多也. (…) 篤而論之, 求長生者, 正惜今日之所欲耳, 本不汲
汲於升虛, 以飛騰爲勝於地上也. (같은 책, 「대속」편, 60-61쪽)

갈홍의 바람은 인간으로서 이 세상의 쾌락을 오래 누리는 것에
서 끝난다. '공중을 날아본들 지상에서보다 즐거운 일도 아닐 테
니까'라고 말하며, 신선이 되는 것은 중시하지 않았다.

이것이 『장자』의 진인과 다르다는 것은 말할 나위도 없다. 『장
자』의 생각이 그리는 신선은 사람으로서 이 세상의 쾌락을 맛보
는 존재가 아니고, 때로는 '본래의 인간의 모습을 잃고 완전히
다른 존재가 되는' 것을 꺼리지 않는 '옛 선인'이기 때문이다.

『장자』 사상의 중점이 '물화物化'에 있다고 한다면, 『장자』는
'양생'의 끝에 있을, 다른 존재로의 변용을 이상으로 삼고 있을
터이다. 본서에서 생각해보고 싶은 것은 그렇게 신선이 '물화'하
는 것의 의의이다. 그것은 '불로장생'에서 그치지 않는 '인간의
이상'을 실현하려는 것이다.

제3장　근대 중국철학과 『장자』
— 호적과 풍우란

이제까지 근대 이전의 중국사상사에서 『장자』를 어떠한 관점에서 논했는지를 살펴보았다. 이제 눈을 돌려 근대에 와서 『장자』의 문제를 어떻게 파악했는지 고찰하고자 한다. 이미 일본에서의 연구에 관해서는 논의를 진행하는 가운데 이따금 언급했고 앞으로도 언급할 것이므로, 여기서는 근대 중국 및 서구에서의 논의를 살펴고자 한다. 물론 한우충동이라 할 만큼 연구가 축적되어 있기 때문에, 기껏해야 하나의 각도에서 슬쩍 들여다보는 정도의 고찰에 불과하다는 점을 밝혀두고 싶다.

　우선 근대 중국의 논의에서 주목하고 싶은 것은 '중국철학'이라는 근대적인 학문이 성립되었을 시기에 『장자』를 어떻게 다루었느냐 하는 점이다. 그것이 그 뒤에 『장자』를 논하는 논의의 틀을 만들었다고 생각되기 때문이다. 구체적으로는 호적胡適(1891-1962)과 풍우란馮友蘭(1895-1990)의 논의를 살펴보기로 한다.

천박비천淺薄卑賤한 장자, 신비주의의 부정

— 호적과 장자 ①

호적은 미국 유학 중에 존 듀이John Dewey(1859-1952)의 프래그머티즘을 새로운 철학으로 수용했고, 1917년에 북경대학 교수로 초빙되어 귀국한 뒤, 1919년에 중국 최초의 중국철학사인『중국철학사 대강大綱(상권)』을 세상에 내놓았다. 호적은 장자를 어떻게 생각하고 있었을까? 우선「제9장 장자」첫머리에 붙어 있는 주를 보기로 하자.

본편은 이전에「장자철학 천석淺釋」이라는 제목으로『동방잡지東方雜誌』제15권 11, 12의(1918년 11월 15일과 12월 15일) 두 호에 걸쳐 게재된 것으로, 문장은 거의 같다. 그 논문의 서두에 이렇게 썼다. "이제까지 사람들은 장자 철학을 너무 신비적이고 현묘하다고 생각했기 때문에, 장자를 이해할 수 없었던 것이다. 내가 보기에 장자 학설은 실제로는 정말로 현묘하고 신비한 구석 따위는 조금도 없다. 바로 그렇기에 이 편에서 장자를 논할 때 그것을 '천석淺釋'이라 부른 것이다. 그것은 천박비근淺薄卑近한 언어로 장자 철학을 말하려 했을 뿐만 아니라, 장자 철학은 조잡하고 천박한 보통의 도리에 불과하다는 것을 이해시키기 위해서이기도 하다." (호적,『중국철학사 대강(상권)』,〈호적학술문집 중국철학사〉상책, 174쪽)

여기서 분명히 드러나듯, 호적은 장자를 신비·현묘한 것으로 독해하는 태도에 정면으로 반대하고 있다. 이것은 명백히 그 이전의 중국에서 이루어진 장자 독해에 대한 강력한 항의이다. 그러면 호적이 볼 때, 천박한 도리를 주장하는 장자의 핵심은 무엇인가? 호적은 그것을 『장자』 마지막 장 「천하」 편에서 보았다.

적막해서 형체가 없고 변화하여 항상됨이 없다. 죽음인가, 삶인가. 하늘과 땅과 나란히 있는 것인가. 신명과 함께 가는 것인가. 아득히 어디로 가는 것인가. 문득 어디로 가는 것인가. 만물은 모두 이어져 있는 것인데, 돌아갈 곳으로서는 충분하지 않다. 옛 도술은 여기에 있었다. 장주는 그 취지를 듣고 기뻐하여, 멀고 아득한 설, 황당무계한 말, 끝(한계)이 없는 말을 했고, 마음 버키는 대로 행동했고, 어느 누구하고도 무리 짓는 일이 없었으며, 한쪽에 치우쳐 사물을 보지 않았다. 그것은 천하 사람들이 가라앉아 흐리멍덩하다고 보아서, 더불어 장대한 것을 말하기에 부족하다고 생각했기 때문에, 치언(상대에게 맞춘 엉터리 말)을 내뱉고, 중언(사람들이 중시하는 이의 말을 빌려서 하는 말)으로 진실을 삼고, 우언(다른 것에 가탁하여 하는 말)을 펼쳐보였던 것이다. 장주는 홀로 천지와 정신을 왕래하고, 만물을 내려다보지 않고, 시비를 따지지 않으며, 세속과 더불어 살았다.

芴漠无形, 變化無常, 死與生與, 天地並與, 神明往與! 芒乎何之, 忽乎何適, 萬物畢羅, 莫足以歸, 古之道術有在於是者. 莊周聞其風而悅之. 以謬悠之說, 荒唐之言, 無端崖之辭, 時恣縱而不儻, 不以觭見之也.

以天下爲沈濁, 不可與莊語, 以巵言爲曼衍, 以重言爲眞, 以寓言爲廣.
獨與天地精神往來而不敖倪於萬物, 不譴是非, 以與世俗處. (『장자』
「천하」)

이 부분은 '중국에서 예부터 내려온 도에 대한 가르침을 조술
하는 네 가지 대표적인 학파'(후쿠나가 미쓰지, 『장자』 잡편·하,
229쪽)로서 묵자, 송견宋銒·윤문尹文, 신도愼到·전변田駢, 노담·
관윤關尹을 논한 다음, 이들을 뛰어넘은 경지에 장자가 있음을 보
여주는 대목이다.

그런데 호적은 장자의 초속적인 태도를 '출세주의'의 궁극적
인 모습이라 정의하고, 그것을 수구파의 철학이라 비판했다. 왜
냐하면 "장자 학설은 처음 들었을 때는 실로 도리가 있는 것처럼
생각되지만, 세계의 학문적 지식의 진보가 [장자가 시시한 것이라
여기는] 자디잔 이동異同을 다투는 것에 다름 아니라는 것, 세계
의 사회혁신과 정치혁명이 그 자디잔 이동을 다투는 것에 다름
아니라는 것을 알지 못했기"때문이다(호적, 『중국철학사 대강(상
권)』, 190쪽). 즉, 『장자』는 차분하고 침착하게 운명을 받아들이
는 '낙천안명樂天安命'(같은 책, 189쪽)의 인생철학이고, 그 결과
현상現狀에 아첨하는 인간을 만들어내든가, 사회에 관여하지 않
아도 통양痛痒(정신적·육체적 고통)을 느끼지 않는 인간을 만들어
내는 게 고작이다. 그것은 '에펠탑에서 아래를 내려다보는' 것과
같은 방관자적 입장이다(같은 책, 189-190쪽).

이 시기의 호적은 중국사상 속에서 정치적인 혁명의 가능성을

탐구하려 했다. 설령 거기에서 '혁명'으로서 주로 상정된 것이 무위의 정치철학을 주장한 노자이고, 그 내용이 정부가 간섭하지 않아도 신의 손이 조정해주는 레세페르laissez-faire(자유방임주의) 경제제도였다고 해도, 호적은 '자디잔 이동異同'을 철저히 추구하려 했고, 그것에 눈길을 돌리려 하지 않는 장자 사상을 내친 것이다.

장자의 달관주의
— 호적과 장자②

그런데 장자의 이러한 '달관주의'는 어디에서 온 것일까? 호적은 장자의 변화 사상이 극단까지 가버린 데서 그것을 보았다. 『장자』「제물론」편을 인용하면서, 호적은 장자 사상을 "천하의 시비는 본래 영원불변이 아니다. 세상에 불변하는 것도 없고, 불변하는 시비도 없다"(호적, 같은 책, 185쪽)고 주장하는 사상이라 생각했다. 예를 들어, 사람을 희생 제물로 삼거나, 순장〔죽은 자를 수행하라고 살아 있는 사람을 산 채로 묘에 집어넣는 것〕하거나, 노예로 삼은 일은 옛날에는 옳은 일이었지만, 지금은 야만이라 여긴다. 이러한 것을 장자가 말하고 있다, 이렇게 말한 것이다.

그 뒤 호적은 장자의 변화 사상은 헤겔의 변증법과 비슷하다고 지적하면서도, 그러나 장자의 생각은 극단까지 가버려 "좋지 않은 효과"(같은 책, 186쪽)를 불러왔다고 말했다. 즉, 장자는 모든 것이 변화한다고 말하면서도, 그 변화 속에 있는 물(존재)에 대해서는 '물에는 본래부터 그러한 바가 있고 본래부터 옳은 바가 있어서, 그렇지 않은 물이 없고 옳지 않은 물이 없는 것이다(物固有所然, 物固有所可. 無物不然, 無物不可)'(『장자』 「제물론」)라고 결론 지었으니, 결국은 현상現狀을 모두 긍정하는 극단적인 '수구주의'에 떨어졌다고 말했다(같은 책, 187쪽).

그렇다면 세간에서 말하는 다양한 구별이 모두 사라지고, 개량이 필요 없어, '유신혁명維新革命'도 필요하지 않다고 여기는 사상이 되기 때문에, 장자의 인생철학은 '달관주의'가 될 수밖에 없었다. 즉, '천도' 아래에서 모든 것은 운명에 따라 정해져 있다고 달관하는 것이다. 그 '달관주의'의 정점으로 거론되는 것이 다음 부분이다.

아닐세, 어째서 싫겠는가. 점점 버 왼팔이 변화되어 닭이 된다면, 나는 때를 알리도록 하겠네. 점점 버 오른팔이 변화되어 탄환이 된다면, 올빼미라도 쏘아서 구이로 만들겠네. 점점 버 엉덩이가 변화되어 바퀴가 되고 버 마음이 말이 된다면, 그것을 타고 가겠네. 마차에 타지 않아도 좋겠지. 무릇 얻는 것도 때가 있고 잃는 것도 차례가 있네. 때를 편안히 여겨 따른다면, 슬픔과 기쁨 같은 감정이 끼어들 수 없다네. 이것이 예부터 일러온 현해懸解〔속박을 푸는 것〕라네. 속박이 풀리지 않는 것은 물에 얽매여 있기 때문이지.

亡, 予何惡! 浸假而化予之左臂而爲鷄, 予因以求時夜. 浸假而化予之

右臂以爲彈, 予因以求鴞炙. 浸假而化予之尻以爲輪, 以神爲馬, 予因
以乘之, 豈更駕哉! 且夫得者, 時也, 失者, 順也. 安時而處順, 哀樂不
能入也. 此古之所謂縣解也. 而不能自解者, 物有結之. (『장자』「대종
사」)

'때를 편안히 여겨 따른다면, 슬픔과 기쁨 같은 감정이 끼어
들 수 없'다는 표현을, 호적은 '낙천입명樂天立命'을 의미한다고
단정지었다(호적, 같은 책, 189쪽). 그러니까 그것은 세상에 아첨
하며 부끄러워하지 않는 소인을 만들어내고, 소인은 사회의 아
픔을 감지하지 못하고 사람들의 고통을 느끼지 못하게 된다(같
은 책, 189쪽)는 말이다. 과연 앞의 인용문이 그렇게 독해되면 그
만인지 의문의 여지가 있다. 이것에 대해서는 제Ⅱ부에서 검토
하기로 한다.

어쨌거나 지금까지 살펴본 데서 알 수 있는 것은, 호적에게 장
자는 우뚝 솟은 에펠탑에서 변화하는 천하를 내려다보기만 하는
방관자에 불과했다는 것이다. 호적이 장자에게 최종적으로 내린
평은 이렇다. "장자는 진화의 도리를 알고 있었지만, 불행히도
진화를 천도의 자연으로 파악하여, 사람의 힘이 그것을 보조하
는 기능은 전혀 인정하지 않았기 때문에, 천도진화를 말했음에
도 보수파의 조사祖師였다"(같은 책, 190쪽). 즉, 장자는 어떠한 변
화에도 마음이 흔들리지 않고, 모든 것을 '그러한' 것으로서 긍
정하는 방관자이며, 또한 사회에 개입하여 '혁명'을 통해 사회를
변화시키는 능동성을 결여한 방관자라 본 것이다.

그러나 근대 중국의 장자 이미지는 여기서 끝나지 않았다. 호적의 라이벌이기도 했던 풍우란이 장자를 어떻게 해석했는지 보기로 하자.

'절대적 자유'와 '순수경험의 세계'
— 풍우란과 장자 ①

호적과 마찬가지로 미국 유학을 경험하고 귀국하여 주로 청화대학에서 교편을 잡았던 풍우란도 『중국철학사』를 지었다. 호적의 『중국철학사 대강』이 선진만을 서술하는 데 그친 반면, 풍우란의 책은 통사이고, 나중에 영어로 번역되어 세계적으로 중국철학사의 표준적인 교과서로 인정받은 저작이다. 그런데 그 책에서 풍우란이 행한 장자 해석은 호적과 전혀 달랐다. 무엇보다도 장자를 신비주의 사상으로 독해한 것이다. 풍우란은 호적이 인용하고 해석한 부분을 다른 방식으로 논했다.

우선 호적이 '완전한 회의주의'라고 단정지은 부분부터 살펴보자.

버가 자네와 논쟁을 했고, 자네가 이겼다고 치세. 버가 자네에게 졌다고 해서, 자네는 참으로 옳고 나는 참으로 그르다고 할 수 있는가. 반대로 만약 버가 자네에게 이겼다고 해서, 자네가 나에게 졌다고 해서, 나는 참으로 옳고 자네는 참으로 그르다고 할 수 있는가. 아니면, 두 사람 다 옳지 않거나, 두 사람 다 그른 것인가. 자네와 내가 서로를 이해하는 데 도달하지 못했으니, 누군가 제삼자라면 우리들이 빠져 있는 어두움에 빛을 비추어줄 수 있는 것일까. 그런데 도대체 누구에게 우리들의 논쟁을 심판해 달라고 부탁하는 게 좋을까. 자네와 의견이 같은 사람에게 부탁할까. 하지만 그 사람이 자네와 의견이 같다면, 그 사람은 판단을 내릴 수 없네. 그러면 나와 의견이 같은 사람에게 부탁할까. 그 경우 역시 나와 의견이 같다면, 그 사람은 판단을 내릴 수 없네. 그렇다면 나나 자네와는 의견이 다른 사람이라면 어떨까. 그래도 그 사람이 나나 자네 어느 쪽과도 의견이 다르다면, 그 사람은 판단을 내릴 수 없네. 마찬가지로 나와 자네 양쪽 모두에 동의하는 사람 또한 판단을 내릴 수 없네. 이리 되면, 나나 자네, 제삼자 모두 이해에 도달하지 못하게 된다네. 그러면 누구를 기다려야 좋은가. 아무도 없는 것이네.

既使我與若辯矣, 若勝我, 我不若勝, 若果是也, 我果非也邪? 我勝若, 若不吾勝, 我果是也, 而果非也邪? 其或是也, 其或非也邪? 其俱是也, 其俱非也邪? 我與若不能相知也, 則人固受黮闇, 吾誰使正之? 使同乎若者正之? 既與若同矣, 惡能正之! 使同乎我者正之? 既同乎我矣, 惡能正之! 使異乎我與若者正之? 既異乎我與若矣, 惡能正之! 使同乎我與若者正之? 既同乎我與若矣, 惡能正之! 然則我與若與人俱不能相知也, 而待彼也邪? (『장자』「제물론」)

이 부분에 대해서 풍우란은 "이것은 '변론'으로 시비를 결정할 수 없음을 밝힌 것이다"(풍우란, 『중국철학사』, 가키무라 다카시柿村峻·아즈마 주지吾妻重二 역, 『중국철학사 성립편』, 341쪽)라고 해석했다. 그러나 그것은 호적이 말한 '회의주의'이기 때문이 아니라, '절대적 자유'와 '절대적 평등'을 선언한 것이기 때문이라고 보았다. 즉, 각각 '변론하는' 자는 '절대적 자유'와 '절대적 평등'을 전제하고 있기 때문에, 특정한 시비를 결정할 수 없다. 풍우란은 "절대적 자유를 주장하는 자는 예외 없이 절대적 평등을 주장"(같은 책, 339쪽)하기 때문에, "인간은 절대적으로 자유로울 때만 자기의 자연스런 성性에 따라 행복을 획득할 수 있다"(같은 책, 339쪽)고 결론지었다.

그렇다면 호적이 『장자』의 '달관주의'를 도출해낸 부분에 대해서는 어떻게 말했을까?

좋은 것을 좋다고 하고, 좋지 않은 것을 좋지 않다고들 한다. 길은 걸어 다녀서 생기고, 사물은 이름을 붙이니까 그렇게 되었다. 어째서 그렇다고 하는가. 그러한 것을 그렇다고 말한 것이다. 어째서 그렇지 않다고 하는가. 그렇지 않은 것을 그렇지 않다고 말한 것이다. 사물에는 본래부터 그러한 바가 있고 옳은 바가 있어서, 어떤 사물이건 그렇지 않은 것이 없고 옳지 않은 것도 없다.

可乎可, 不可乎不可. 道行之而成, 物謂之而然. 惡乎然? 然於然. 惡乎不然? 不然於不然. 物固有所然, 物固有所可. 無物不然, 無物不可.

(『장자』 「제물론」)

풍우란에게 이 부분은 일체의 구별이 사라진 '순수경험의 세계'를 보여주는 것이었다. 풍우란은 다음과 같이 해석했다.

이에 비해 순수경험에서는 '이루어짐'도 '허물어짐'도 없다. 따라서 달인達人은 구별을 세우지 않고, 순수경험 안에 머물기 때문에 이상에 '접근한다'. 그리고 그 궁극적인 경지에 계속 머물면서도 머물고 있는 것을 의식하지 못한다.―이러한 경지에 도달하면, 천차만별한 모든 존재가 우리의 인식상에서는 더 이상 분별되지 않는다. 여기에 도달했을 때 '천지와 버가 나란히 생기고, 만물은 나와 하나'라는 것을 참으로 느낄 수 있는 것이다. (풍우란, 『중국철학사』, 354-355쪽)

풍우란에게 '순수경험'이란 윌리엄 제임스William James(1842-1910)가 말한 "개념에 의한 분석을 뒤섞지 않고 순수하게 느낄 수 있는" 경험이다(같은 책, 352쪽). 그리고 개념에 의한 일체의 구별이 사라진 '순수경험의 세계'에서는 "천차만별한 모든 존재도 우리의 인식상에서는 더 이상 분별되지 않는다". 그러니까 풍우란은, 장자는 달관하고 있는 것이 아니라 '순수경험의 세계'에서 '만물 일체'를 '참으로 느낄 수 있는' 경지에 있다고 독해한 것이다.

'신비주의'로서의 장자 그리고 스피노자
— 풍우란과 장자 ②

그래서 풍우란은 '만물 일체'를 '참으로 느낄 수 있는' 것을 '달관주의'가 아니라 '장자학에서의 신비주의'(같은 책, 359쪽) 라고 정의했다. 그렇다면 그 신비주의란 무엇인가?

신비주의에는 다양한 의미가 있다. 여기서 말하는 신비주의는 주로 '만물일체'의 경지를 인정하는 철학을 가리킨다. 그러한 경지에서 개인은 '모든 것(세계 전체)과 융합되어, 남과 나, 안과 밖의 구별을 잃어버린다. 많은 경우, 이러한 신비주의는 으레 유심론적 세계관과 연결되어 언급된다. (…) 물론 신비주의라 해서 반드시 유심론적 세계관과 결부된다고 할 수는 없다. 예를 들면 장자 철학이 그것으로, 장자의 세계관이 반드시 유심론적인 것은 아닌데, 그럼에도 신비주의에 관심을 표명하고 있다. (…) 도가의 방법은 순수경험에 의한 '망아忘我'이고, 유가의 방법은 '사랑의 업業(쇼펜하우어의 말)'에 의해 사심을 버리는 것이었다. 무아 혹은 무사無私에 의해 인간은 세계와 합일된다. (같은 책, 193-194쪽)

즉, 장자의 신비주의는 세계를 개인의 마음으로 환원시키는 유심론적인 '만물일체'가 아니라, 순수경험으로 거슬러 올라가고 세계를 마주한 자아가 소멸해버리는, 역방향의 신비주의이다. 풍우란은 그런 역방향의 신비주의가 스피노자Baruch De Spinoza(1632-1677) 철학과 공통점이 있다고 말한다(같은 책, 359쪽). 호적이 헤겔의 변증법에 장자를 포갠 것은 크나큰 오류이다. 그러니까 풍우란은 무신론자라 여겨지는 스피노자의 자연신론(신은 자연이다)을 중국에 적용하려 한 것이다. 이 지점에서 호적과 풍우란의 장자 해석이 극명하게 갈린다.

> 무릇 얻는 것도 때가 있고 잃는 것도 차례가 있네. 때를 편안히 여겨 따른다면, 슬픔과 기쁨 같은 감정이 끼어들 수 없다네. 이것이 예부터 일러온 현해라네. 속박이 풀리지 않는 것은 물에 얽매여 있기 때문이지.
> 且夫得者, 時也, 失者, 順也. 安時而處順, 哀樂不能入也. 此古之所謂縣解也. 而不能自解者, 物有結之. (『장자』「대종사」)

앞에서 보았듯이, 호적은 이 부분을, 그저 운명에 순응하는 소인을 만들어내는 '낙천안명'의 사상이라고 통렬히 비판했다. 그에 비해 풍우란은 바로 여기에서 장자의 순수경험에 들어가기 위한 방법이 전개되고 있다고 보고, 아울러 스피노자를 다음과 같이 언급했다.

> 슬픔과 기쁨 같은 감정이 끼어들 여지가 없다는 것은, 도리道理의 힘으로 감정을 융해한 (리理에 의해 감정을 변화시켰다) 것을 의미한다. 스피노자는 감정을 '인간의 굴레(human bondage)'라

고 말했다. 지자知者가 우주의 참 모습을 이해하고, 사물의 발생이 필연적임을 인식한다면, 어떠한 사태에 부딪혀도 감정이 흔들리지 않고, 얽매일 일도 없다. 이리하여 '인간의 자유(human freedom)'를 얻을 수 있다면서 말이다. 예를 들어 지금 회오리바람에 기와가 떨어져 어린아이와 어른의 머리에 맞았다고 해보자. 어린아이는 틀림없이 화가 나서 기와를 원망할 터이지만, 어른은 감정이 흔들리지 않기 때문에 고통의 정도가 덜한 채로 지나간다. 즉, 어른은 지식을 통해 기와가 떨어진 진상眞相을 알기 때문에, '슬픔과 기쁨 같은 감정이 끼어들 여지가 없'는 것이다. (풍우란, 『중국철학사』, 348쪽)

풍우란은 여기에서 스피노자가 '리理에 의해 감정을 변화시켰다'는 의미로 기술하고 있다. 그러나 스피노자의 텍스트를 읽어보면, 스피노자는 수동적인 슬픔과 기쁨에서 벗어나, 이성(온전한 인식)에 기초한 능동적인 기쁨의 감정으로 가려 했지, '기쁨과 슬픔 같은 감정이 끼어들 여지가 없'고는 말하지 않았다.

스피노자의 『에티카』 제3부 「감정의 기원 및 본성에 대하여」에 다음과 같은 말이 있다.

정리 58 수동인 기쁨 및 욕망 외에, 작용하는(능동적인) 한에 있어서 우리에게 관계하는 다른 기쁨 및 욕망의 감정이 존재한다. (…)
정리 59 모든, 작용하는 한에 있어서의 정신에 관한 감정에는,

기쁨 혹은 욕망에 관한 감정이 있을 뿐이다.

증명 모든 감정은, 우리가 버린 정의에서 알 수 있듯이, 어느 것이나 욕망, 기쁨 혹은 슬픔에 관계되어 있다. 그런데 슬픔이란 정신의 사유능력을 감소시키거나 저해하는 것이라고 우리는 이해한다(이 부部의 정리 11 및 그 비고에 의해). 따라서 정신이 슬픔을 느끼는 한, 정신의 인식능력 즉(이 부部의 정리 1에 의해) 그 활동능력은 감소되거나 혹은 저해당한다. 따라서 작용하는 한에 있어서 정신에는 어떠한 슬픔의 감정도 전가시킬 수 없다. 전가시킬 수 있는 것은 오직, 작용하는 한에 있어서 정신에도 관계하는(앞의 정리에 의해) 기쁨 및 욕망의 감정뿐이다.

또한 제5부「지성의 능력 혹은 인간의 자유에 대하여」에서는 이렇게 기술하고 있다.

정리 3 수동이라는 감정은, 우리가 그것에 대해서 명료하고 분명한 관념을 형성하자마자, 수동이기를 멈춘다.

요컨대, 스피노자는 수동적인 슬픔의 감정을 정신의 이성적인 작용을 통해서 능동적인 기쁨으로 전환시키려 한 것이다. 풍우란의 해석과는 다소 차이가 있으니, '리理에 의해 감정을 변화시켰다'는 것은 감정을 무화시키는 것이 아니라, 슬픔의 수동을 기쁨의 능동으로 전화시키는 것이었다. 또한 이것에 대해서 질 들뢰즈Gilles Deleuze(1925-1995)는 다음과 같이 말하고 있다.

그것이 어떠한 형태를 취하고, 어떠한 이유에 기초한 것이든, 슬픔의 수동은 우리들이 지닌 역능力能(potentia, 힘) 가운데 가장 낮은 정도를 나타낸다. 우리들이 최대한 스스로의 능동적인 활동 역능에서 분리된 상태, 최대한 자기소외당하고, 미신적 망상이나 압제자의 속임수에 사로잡힌 상태이다. 『에티카』(생태生態의 윤리)는 필연적으로 기쁨의 윤리여야 한다. 기쁨만이 의미를 가지며, 기쁨밖에 남아 있지 않기 때문이다. 오직 기쁨만이 우리들을 능동에, 능동적 활동의 지복至福에 다가가게 한다. (질 들뢰즈, 『스피노자: 실천의 철학』, 46-47쪽)

여기에서 분명히 드러나듯이, 들뢰즈는 스피노자에게서 능동적인 기쁨의 감정이 충일함을 보려 했다. 들뢰즈의 말에서도 풍우란이 해석한 장자가 스피노자와 실은 다른 것임이 드러난다.

그러면 풍우란이 독해한 장자의 특징은 무엇일까? 그것은 감정의 흔들림 없이 사태의 원인을 아는, 이지분별理知分別이 있는 '자유로운' 사람을 상정한 것이다. 그 '자유'는 사물에 속박되지 않은 '자유'이다. 도대체 '슬픔과 기쁨 같은 감정이 끼어들지 않은' 사람이 신비의 한복판에서 향수하는 '자유'란 무엇일까? 본서 제II부에서 거듭 고찰하고 싶은 것이 이 '자유'이다.

세속과 함께하는 장자
— 노신과 장자

이제까지 살펴보았듯이, 호적은 장자를 천박비천한 달관주의로 보았고, 풍우란은 이 세계의 신비에 접촉하는 역방향의 신비주의로 보아 전혀 다른 입장을 취하고 있다. 여기에서 근대 중국이 『장자』를 어떻게 독해했는지, 마지막으로 또 한 사람의 견해를 살펴보고자 한다. 역시 호적의 라이벌이었던 노신魯迅(1881-1936)이다.

노신은 스스로에 대해 "사상 면에서도 장주·한비韓非의 독毒에 중독되지 않았던 것은 아니다"(노신, 「『분墳』 후기」, 『노신전집』 1, 360쪽)라고 말하고 있다. 그리고 만년에 『장자』의 기사를 제재로 한 작품을 썼다. 그것이 『고사신편故事新編』(1936)에 수록된 「기사起死(죽은 이를 되살려내다)」라는 작품이다.

「기사」에서 노신이 묘사한 장자는 도사 복장을 하고 가다 길가에서 우연히 촉루髑髏(해골, 『장자』 「지락」 편에 나오는 해골 에피소드에 기초한다)를 만나 스스로 도교풍의 주문을 외어 불러낸 '사명대신司命大神'의 힘을 빌려 되살려낸다. 그런데 되살아난 500년 전의 사내가 도리어 자기 옷과 짐을 내놓으라고 장자를 협박한다. 곤란해진 장자는 경찰을 불러, 『장자』 「제물론」 편의 문장을 알고 있는 순경에게 그 사내를 맡기고 초왕을 면회하러 떠난다. 그런데 그 순경도 사내에게 트집을 잡혀 몹시 애를 먹다가 다시 경찰을 부른다는 이야기이다.

이 작품에서 노신은 세속을 초월했을 장자가 얼마나 세속적인가를 조롱하고 있다. 하지만 그 조롱은 노신 자신에게 되돌아올 쓰디쓴 것이었다. 노신이 만년에 지은 「나는 사람을 속이고 싶다」라는 글을 보면, 장자를 인용하면서 이렇게 말하고 있다.

기진맥진해서 어찌할 방도가 없을 때, 가끔 현세를 초월한 작자에게 감심感心하여 모방해본다. 그러나 허사였다. 초연한 마음은 조개처럼 겉에 껍질이 있어야만 한다. 게다가 깨끗한 물도 필요하다. (…) 장자는 말했다. '바싹 마른 수레바퀴 자국 속의 붕어는 서로에게 침을 묻혀 몸을 적신다'고. 그러나 그는 또한 말했다. '차라리 강과 호수에서 서로를 잊고 사는 편이 낫다'고.
슬프게도 우리는 서로를 잊을 수가 없다. 그래서 나는 점점 사람을 속이는 일이 잦아졌다. 그 속임수 학문을 졸업하지 않으면, 혹은 그만두지 않으면, 원만한 문장은 쓸 수 없을 것이다. (「나는 사람을 속이고 싶다」, 『차개정잡문말편且介亭雜文末編』, 『노신전집』 8, 544-547쪽)

이 문장은 일본과 중국 간의 긴장이 고조되는 가운데 "말하자면 일본인에게 남기는 유서"(같은 책, 549쪽)로서 쓴 것이다. 그 글에서 노신은 '참마음이 보이는 때'는 아직 오지 않을 것으로 예감하고 있다. 그것은 일차적으로 일본과 중국 사이에서 그렇다는 말이겠지만, 사람이 사는 이 세계 자체가 이해관계로 얽혀 있는 이상, 사람과 사람 사이에서 '참마음이 보이는 때'는 본래부터 좀처럼 찾아오지 않는 법이다.

앞 글에서 인용된 장자의 문장은『장자』「대종사」편에 나온다.

샘이 말라 물고기들이 모두 물에서 바싹 말라들자 서로 물기를
끼얹고 물거품을 적셔 위기를 넘기려 하는 것은 강이나 호수에
서 헤엄치며 서로를 잊고 사는 것만 못하다. 마찬가지로 요임금
을 칭찬하고 걸왕을 비난하는 것은 둘을 다 잊고 도와 하나가
되는 것만 못하다.

泉涸, 魚相與處於陸, 相呴以濕, 相濡以沫, 不如相忘於江湖. 與其譽
堯而非桀也, 不如兩忘而化其道. (『장자』「대종사」)

노신은 이 문장을『한문학사강요漢文學史綱要』(1926년 강의, 1938
년 출판)에서도 일부러 인용했을 정도였다. 노신은 서로를 잊고
강과 호수에서 유유히 헤엄치며 도와 하나가 되는 것을 꿈꾸었
다. 그러나 철저히 무관심하게 망각하고, 세속을 초탈하여 유유
히 자족하는 것은 대단히 어려운 일이다. 우리들은 아무리 해도
'서로를 잊고 살 수가 없다'. 즉, '사람을 속이는' 일을 통해서만
관계를 맺어 가는데, 그럼에도 부득이 관계를 맺지 않을 수 없는
것이다.

이 세속 세계를 버리려 해도 버릴 수 없는 이상, 유일하게 가능
한 것은 세속에 살면서 세속을 뛰어넘는 것이다. 설령 그것이 노
신이 묘사한 장자처럼, 다른 사람의 눈에는 조롱거리로 비친다
고 해도 말이다. 노신은 그렇게 스스로를 장자에 포개고 있다.

기야마 히데오木山英雄는 그것을 '참으로 유머러스한 증오'라고 불렀다.

청년의 문학수양에는 『문선文選』과 『장자』를 읽는 게 도움이 될 거라 권하고, 또다시 노신의 문장을 증거로 드는 사람은 느닷없는 일련의 '구주필벌口誅筆伐(말이나 글로써 남의 잘못을 폭로함)'에 맞닥뜨리게 된다(「33년의 감회」, 1933, 외). 역사소설집 『고사신편』에서도 장자를 다룬 「기사」(1935)는 창작의 의미를 날려버릴 만큼 조롱으로 시종했다.

그러면 노신이 품고 있는 장자 이미지는 기껏해야 그런 쓸모없는 잡동사니, 미처 다 치워버지 못한 쓰레기였을까? 그리 생각해도 좋겠느냐고 당사자에게 묻는다면, '뭐 괜찮겠지요' 하고 건성으로 대답할지도 모르겠다. 그런데 또 한 가지 사례로, 거의 수필에 가까운 날카로운 아포리즘 한 편에도 장자가 등장한다. "장생莊生은 땅 위에 있으면 까마귀나 소리개의 밥이 되고, 땅 밑에 있으면 땅강아지나 개미의 밥이 될 터, 어느 쪽이든 결과는 같으니 사후의 몸뚱이 따위 좋을 대로 하려무나, 라고 말했다(『장자』 「열어구」).

그러나 나는 그렇게까지 활달하지 못하다. 가령 내 피와 살을 동물이 먹게 한다면, 사자나 매의 먹이가 되게 하더라도, 더러운 개 따위에게는 단 한 쪼가리도 주지 말라고 부탁하고 싶다…(「반하소집半夏小集」, 1936)"

말하자면 장주의 독을 한비로 해독한 듯 보이는 문장인데, 그렇다고 해도 죽음을 눈앞에 두고 한 말치고는 참으로 유머러스한 증오가 아닐까. (기야마 히데오, 「장주·한비의 독」, 『히토쓰바시 논총一橋論叢』제69권, 제4호, 345쪽)

노신은 『고사신편』에서 여왜女媧·항아嫦娥·예羿·우禹·백이·숙제 같은 신화적 인물, 육조六朝의 지괴志怪나 당唐의 전기傳奇에 등장하는 신선 같은 인물을 다루며, 거기에 노자·공자·묵자·장자를 엮어서 종횡으로 붓을 휘둘렀다. 거기에는 세속을 넘어선 신비주의적 방향과, 세속에 바싹 다가가려는 방향이 혼재하고, 그것들이 '소설' 공간에 극도의 긴장을 부여하고 있다. 노신에게 옛날 '소설'은 '사람을 속이는' 긴장 안에서만 존재한다. 그리고 '홀로 천지와 정신을 왕래하며, 만물을 내려다보지 않고, 시비를 따지지 않으며 세속과 더불어 산'(『장자』「천하」) 장자만이 그 긴장을 견딜 수 있었던 것이다.

노신은 『중국소설사략中國小說史略』과 『중국소설의 역사적 변천』이라는 두 중국문학사 저작에서 그 서두를 똑같은 『장자』의 문장으로 시작하고 있다. '소설을 꾸며서 현령을 구한다(飾小說以干縣令, 『장자』「외물」)'. 노신은 이 문장을 '소설을 구실 삼아 명예나 미명美名을 구한다'고 해석한 뒤, 여기에서 말하는 '소설'은 '자잘한 말'로 '도가의 교리'와 관계가 없다고 말했다(노신, 『중국소설의 역사적 변천』, 『노신전집』 11, 546쪽). 다만 '소설'이라는 말의 가장 오랜 용례가 『장자』에 있기 때문이라고는 해도, 이 문장으로 문학사의 첫머리를 시작한 것은 기묘한 느낌을 준다. 이 문장의 전후는 『장자』에 이렇게 되어 있다.

낚싯대와 낚싯줄을 둘러메고 작은 내나 웅덩이에 가서 줄곧 붕어 따위 잔고기를 상대해서는 큰 물고기를 낚기 어렵다. 마찬가지로, 소설을 꾸며서 이름이 알려지거나 명예를 얻기 바라는 사람은 대달大達과는 거리가 멀다.
夫揭竿累, 趣灌瀆, 守鯢鮒, 其於得大魚難矣. 飾小說以干縣令, 其於大達亦遠矣. (『장자』 「외물」)

즉, '소설'을 써서 명예를 구하는 것은 잔고기를 낚으려는 것과 같아서, '대달(대단한 영달)'의 경지와 거리가 멀다는 말이다.

그런데 노신은 단순히 '대달'의 경지를 원했던 것은 아니다. 앞에 인용한 말에 바로 이어서, 장자가 '소설'이라고 비난한 여러 학파의 견지에서 보자면 장자의 저작 또한 '소설'이라고 노신은 말하고 있다(노신, 『중국소설의 역사적 변천』, 564쪽). '소설'로부터 도망치는 일은 쉽지 않은 것이다.

바꿔 말하면, 우리들이 상대하고 있는 것은 잔고기밖에 없고, 그 잔고기조차 때가 되면 물이 말라 '바싹 마른 수레바퀴 자국 속의 붕어'가 될 잔고기이다. 그러나 실은 그것밖에 없는 것은 아닐까. 즉, 뭍에서 말라버릴 붕어 신세에 자족하는 것이야말로 바로 '도가의 교리'가 가르치는 바는 아닐까. 그것이 얼마만큼 절망스럽든, 그것의 가능성을 남김없이 실현하는 방법 외에 이 세계를 변용시킬 길은 없다. 노신은 장자의 '출세出世의 설'을 조롱하고, 이 세계에 투철하게 부딪치는 수밖에 없다고 보면서도, 그러나 여전히 역방향의 신비주의에 일말의 관심을 걸어두고 있었던 것이라 생각된다. 즉, 이 세계 저쪽에 신비를 설정하고 자기 마음을 통해 그쪽으로 세계를 환원시키는 것이 아니라, 이 세계 자체가 신비라고 생각하고 스스로를 변용시키면서 그 신비에 닿으려고 하는 신비주의이다.

제4장 서양에서의 『장자』독해

제I부를 마감하기 전에, 서양에서는 『장자』를 어떻게 독해했는지 살피고자 한다. 서양에서의 중국연구는 16세기 말에 선교사들이 중국에서 포교를 하면서 시작되어, 기독교와는 다른 사상체계가 어떻게 기독교와 절충할 수 있었는지, 혹은 기독교를 받아들이지 못했는지가 논의되었다. 처음에는 유교문헌의 번역과 해석이 주를 이루었지만, 나중에는 도교문헌도 시야에 들어서게 되었다. 그리고 『장자』는 그 풍부한 종교성과 사상성으로 인해 사람들의 관심을 끌었다. 그렇지만 작금에 축적된 연구 성과를 감안하면, 서양의 『장자』 연구를 개관하는 일은 거의 불가능에 가깝다. 여기서는 몇 가지 특징적인 연구를 골라서 그 일단을 엿보려고 한다.

불어권에서의 독해 ①
— 앙리 마스페로, 이자벨 로비네

후쿠이 후미마사가 '도가와 도교를 구별하는 독해는 적절하지 않다'고 비판한 것에 대해서는 이미 살펴보았다. 그때 후쿠이가 염두에 둔 것은 양자를 구별하지 않는 프랑스에서의 독해이다. 하지만 자세히 살펴보면 그 독해에도 복잡한 사정이 있음을 알 수 있다.

앙리 마스페로Henri Maspero(1865-1945)의 저서『도교』(1950), 특히「보론: 도가적 종교의 기원과 한대까지의 발전에 관한 역사적 연구」를 보면, 자신의 스승인 에두아르 샤반느Édouard Chavannes(1865-1918)를 비판하고 있다. 즉, 샤반느처럼 '도교는 노장의 가르침이 부패하여 타락한 것이다'라는, 도가와 도교를 구별하여 보는 방식은 지나치게 일면적이라고 지적하고, '불사不死를 탐구하는 도교'와 '노자와 장자의 철학적·신비주의적인 도교'를 연속적으로 파악해야 한다고 주장했다(앙리 마스페로,『도교』, 219쪽). 그리고『장자』에서도 불사의 탐구가 중심적이라는 점, 그것을 위한 실천방식(식사법, 호흡법, 정신집중법 등)이 몇 가지나 묘사되어 있는 점을 들어, '신비주의파의 스승'인 노자나 장자조차도 도교의 가르침 가운데에 있다고 기술했다.

따라서 육조시대의 도교와 마찬가지로, 사람들은 '영생'을 얻기 위해 온갖 종류의 술術에 몰두하고 있었던 것이다. 영원한 삶은 도교의 가르침과 훈련에 있어서 불변의 목적이었다. 그리고 모든 스승은 저마다 독자적인 방법에 따라 장생을 가르쳐야 한다고 사람들은 생각하고 있었다. 노자나 장자 같은 신비주의파의 스승들도 이러한 견지에서 보면 다른 스승들과 다를 바가 없었다. (마스페로, 같은 책, 225쪽)

마스페로의 이러한 독해는 그 뒤에도 계승된다. 예를 들면, 이자벨 로비네Isabelle Robinet(1932-2000)의 『도교사: 기원에서 14세기까지』(*Histoire du taoïsme: des origines au XIVe siècle*)를 보자. 「제1장 전국시대 제1절 철학적 도교: 노자와 장자」에서는 '도교의 부조父祖'로서 노자와 장자를 논하고 있다. 거기에서 로비네는 『장자』를 다음과 같이 독해하고 있다.

장자는 노자에게서 부분적으로, 일一·정靜·세계의 거절과 같은 테마를 계승하여 그것들을 발전시키고 체계화하여 힘과 깊이를 부여했다. 그러나 장자는 버면화를 향한 경향이 훨씬 컸다는 점에서 노자와 확연히 구별된다. 즉, 정치사회적인 관심이 사라지고, 무위는 사회적·정치적인 함의를 갖지 않게 되고, 하나의 의식 상태가 되었다. 황금시대를 꿈꾸기보다 오히려 운동하는 생의 흐름과 더불어 '일一로 돌아간다'는 테마를 간절히 소망했다. 신비적인 요소가 노자의 변증법적인 상대주의를 통합함과 동시에 그것을 넘어서려는 경향을 드러버었다.

말할 것도 없이, 성인이라는 이미지는 장자를 도교의 전통에 이

어주는 가장 중요한 연결고리이다. 그 지배적이고 가장 독자적인 듯한 특징은, 죽지 않으며 초자연적인 천여天與(하늘이 부여한 것)를 갖춘, 인간의 모습을 한 존재자가 실재한다는 사실을 확신하고 있다는 점이다. (…) 장자의 성인은 주로 신체적·정신적으로 완전한 자유에 의해 특징지어진다. 그것은 세계를 뛰어넘어, 우주의 사방을 향해하고 두루 날아다닌다(遊). (…) 장자가 (가장 먼저 지어진 편이라고 여겨지는) 최초의 수편에서 보이는 기술은 아마도 모든 도교 성인전聖人傳의 기초를 이루는 것으로 보인다. 그리고 그것은 도교의 탐구를 추동하는 가장 강력한 원동력의 하나를 증언하는 최고最古의 문헌이기도 하다. 즉, 성인은 바람이나 '흰 구름'을 타고 그 몸은 쇠하지 않으며 '불로도 태울 수 없고 물로도 젖게 할 수 없다'. (같은 책, 38-39쪽)

여기에 묘사된 장자상은 노자를 계승하고 독자적으로 발전시켜가면서 도교의 성인(선인)에 관한 가장 오래된 기술을 했다는 것이다. 로비네는 참으로 '도가'와 '도교'를 연속적으로 파악하고 있다.

불어권에서의 독해 ②
── 장 프랑수아 비유테

이러한 『장자』 해석에 이론을 제기하며 완전히 독자적으로 해석한 이가 장 프랑수아 비유테Jean François Billeter(1939-)이다. 비유테가 콜레주 드 프랑스에서 지난 2000년에 행한 네 차례의 강의를 정리한 책『장자강의』(Leçons sur Tchouang-tseu)를 살펴보자.

『장자』에 대한 비유테의 기본적인 입장은『장자』를 '유산으로서 상속되어온 중국사상' 바깥에 두는 것(같은 책, 135쪽)이다. 그것은 종교로서의 도교에서『장자』를 분리시키는 것은 물론이고, 곽상으로 대표되는 현학적玄學的인『장자』주석(『장자』를 철학적으로 체계화함으로써, 현실 차원에서 예교적禮敎的 세계에 예속되어 있는 중국 문인들에게 상상의 차원에서 예교적 세계를 뛰어넘는 대체물을 제공하려는 해석학)의 전통에서도 분리시키고, 나아가서는 도가라는 장르로 분류하는 것마저 의문시하는 것이다.

비유테에 따르면,『장자』는『노자』와 달리 종교적이지도 정치적이지도 않다(같은 책, 137쪽). 그러므로 종교로서의 도교에 대해서는 제한된 영향밖에 주지 않았으니, 노장이라 병칭되거나 도가로 한데 묶일 이유가 없다. 도리어『장자』에는 유가적인 의례주의가 강하게 엿보이고, 공자와의 관계도 긴밀하다.

그렇다면 '유산상속'에서 벗어나『장자』를 어떻게 독해하는가? 여기에서 비유테는『장자』자체를 마주하려 했다. 다만 여기에는 커다란 전제가 있다. 즉,『장자』의 작자를 '자기 고유의 경험에서 시작하고, 그것을 스스로 사고하고 기술하는 철학자'로서 이해한다는 전제이다. 장자가 그러한 철학자인 한, 타자의 경험이나 다른 철학자의 사고에도 민감하고, 언어의 덫도 의식했을 터이다. 한마디로 비판적이었을 거라는 말이다. 그렇다면 독해하는 사람 또한 자기 고유의 경험에서 출발하는 철학자로서 철학자 장자를 마주하여, 스스로도 비판적인 독해를 해야 한다. 그렇게 해야 비로소 같은 경기장에 설 수 있는 것이다.

이에 대해서는 당장 많은 반론이 나올 것이다. 그러나 텍스트는 어떠한 의미에서도 늘 '모든 독해'에 열려 있는 이상, 우선은 비유테의 구체적인 독해에 귀를 기울여보자.

비유테의 강의 제목은 '제1강 사물의 작용〔도道〕' '제2강 활동의 레짐(체제)' '제3강 혼돈의 변명' '제4강 주관성의 패러다임' 이다.

제1강은 『장자』에 있어서 경험의 기술記述이 보편적인 경험에 합치되는가를 논한다. 여기에서는 세 사람의 명인이 거론된다. 요리사 정(포정庖丁, 『장자』 「양생주」), 바퀴 만드는 목수 편(윤편輪扁, 『장자』 「천도」), 여량의 폭포에서 공자가 우연히 만난 수영의 명수(『장자』 「달생」)가 그들이다. 이들 세 명인은 범인을 뛰어넘는 숙달된 이들인데, 비유테는 중국사상 고유의 용어로 표현되어 있는 그 부분을 꼭꼭 씹어서 번역하여 우리들의 경험의 지평에 다시 내놓았다. 예를 들어 '도'를 '사물의 작용'이라 번역하고, 요리사 정이 도달한 숙련의 경지를 '사물의 작용'이 자재한 상태로 이해한다.

제2강에서는 그것에 이어 세 명인에 대한 이야기가 말하는 숙련의 경지에서 가장 중요한 것은 '활동의 레짐(체제)'의 변화라고 논한다. 그것은 한마디로 말하면, '사람의 레짐'에서 '하늘의 레짐'으로의 변화이다. 즉, 의도적이고 의식적으로 하는 활동에서 자연스럽고 무의식적으로 하는 활동으로 이행하는 것이다. 예를 들어 요리사 정은 숙련의 단계를 이렇게 말하고 있다.

제가 처음으로 소를 잡기 시작할 때는 눈에 보이는 것이 온통 소밖에 없었습니다. 3년이 지나자, 이미 소 전체가 보이는 일은 없어졌습니다. 이제 지금에 와서는, 저는 정신으로 파악하고 눈으로 보지 않습니다. 감각기관이 멈추고, 정신이 바라는 대로 행하고 있는 것입니다. 자연의 근목筋目(리理)을 따라서, 칼이 큰 틈에 들어가, 중요한 구멍으로 인도되어 가르며, 필연의 도를 따라 갑니다. 인대나 힘줄을 자르는 일은 없습니다. 하물며 큰 뼈다귀에 부딪히는 일이 있겠습니까.

始臣之解牛之時, 所見無非全牛者. 三年之後, 未嘗見全牛也. 方今之時, 臣以神遇而不以目視, 官知止而神欲行. 依乎天理, 批大卻導大窾 因其固然, 技經肯綮之未嘗, 而況大軱乎! (『장자』 「양생주」)

그러나 비유테에 따르면, 이것을 신체에서 정신으로 이행하는 것으로 보아서는 안 된다. '하늘의 레짐'에 들어가는 것은 정신과 신체가 새로운 관계로 진입하는 것이고, 정신이 의식에서 분리되어 신체의 힘은 도리어 해방된다.

비유테는 여기에서 풍우란과 마찬가지로 스피노자를 인용하며 장자와의 유사성을 언급한다. 스피노자에서 인용된 것은 『에티카』 제3부의 다음 부분이다.

정리2 신체가 정신을 사유하도록 결정한다고 할 수 없고, 또한 정신이 신체를 운동하게 하거나 정지하게 한다고, 혹은 다른 어떤 것(만약 그러한 것이 있다면)을 하도록 결정한다고 할 수도 없다. (…)

비고 (…)

실제로 오늘날까지, 신체의 기능 전부를 설명할 수 있을 만큼 정확하게 신체의 조직을 아는 이는 아무도 없었다. 동물이 인간의 지혜를 크게 능가하는 많은 점을 지니고 있다는 사실과, 몽유병자가 깨어 있을 때에는 도저히 하지 않을 많은 것을 수면 중에 한다는 사실(이것은 신체가 그저 자기 본성의 법칙만을 따라, 자기 정신을 놀라게 할 많은 것을 할 수 있음을 충분히 보여준다)에 대해서 설명할 수 없다는 것은 말할 나위도 없다. (스피노자, 『에티카』상, 169-171쪽)

우리들은 신체를 알지 못한다. 특히 정신이 컨트롤하는 대로 움직이지 않는 신체를 알지 못한다. 활동이 '하늘의 레짐'에 들어가는 것은 의도적이고 의식적인 활동에서 신체가 해방되어, 정신과 새로운 관계를 구축하는 것이다. 이 해방된 신체와 정신의 관계를 잘 드러내고 있는 것이 동물이다. 비유테는 '오직 벌레만이 벌레다울 수 있고, 오직 벌레만이 하늘다울 수 있다(唯蟲能蟲,唯蟲能天)'라는 문장을 인용하면서, 동물은 신체와 정신의 관계에서는 인간 이상이고, 하늘의 영역에 있다고 말했다.

그렇다고 해도 '사람의 레짐'에서 '하늘의 레짐'으로 이행하는 것에는 커다란 단절이 있다. 그리고 일단 '하늘의 레짐'에 들어간 사람이 그 경험을 기술하고 말하기란 쉬운 일이 아니다. 왜냐하면 언어활동은 어디까지나 의도적이고 의식적인 활동이기 때문이다. 그럼에도 앞서 말한 세 명인은 숙달의 경지를 언어로 말해주고 있다. 그것은 그들이 '사람을 향해 있기' 때문이다.

> 장자는 말한다. '도를 아는 것은 간단하지만 도에 대해서 말하지 않는 것은 어렵다. 알면서 말하지 않는 것은 하늘을 향하는 것이고, 알면서 말하는 것은 사람을 향하는 것이다. 옛 사람은 하늘을 향하고, 사람을 향하지 않았다.'
> 莊子曰: "知道易, 勿言難. 知而不言, 所以之天也. 知而言之, 所以之人也. 古之至人, 天而不人."(『장자』「열어구」)

그런데 '사람을 향'한다고 해도 말하는 것에는 한계가 있다. 다음 문장을 보자.

> 안회가 공자에게 여쭈었다. "언젠가 제가 상심이라는 못을 건널 적에, 그곳의 나룻배 사공이 배를 다루는 솜씨가 마치 귀신같았습니다. 그에게 물어보았습니다. '배를 다루는 것을 배울 수 있겠습니까?' 그가 이렇게 대답했습니다. '배울 수 있지요. 헤엄을 잘 치는 이라면 금방 배울 수 있습니다. 자맥질이 뛰어난 이라면 배를 본 적이 없더라도 배울 수 있습니다.' 그래서 그 까닭을 물었습니다. 그러나 그는 대답하지 않았습니다. 무슨 뜻으로 한

말일까요?"

공자가 대답했다. "헤엄을 잘 치는 이가 금방 배울 수 있는 것은 그이가 물을 잊었기 때문이다."

顏淵問仲尼曰: "吾嘗濟乎觴深之淵, 津人操舟若神. 吾問焉, 曰: '操舟可學邪?' 曰: '可. 善游者數能. 若乃夫沒人, 則未嘗見舟而便操之也.' 吾問焉而不吾告, 敢問何謂也?" 仲尼曰: '善游者數能, 忘水也.'
(『장자』「달생」)

사공의 말을 보충해서 공자가 말한 것은 '망각'이었다. 비유테는 여기에서 '망각'이라는 문제를 집어내어, '하늘의 레짐'에는 망각이 구비되어 있다고 말했다. 자연적이고 필연적인 활동이 좀 더 완전해지면 더욱 높은 레짐으로 이행하는데, 그것은 스스로를 망각하는 레짐이고, 『장자』의 언어로 표현하면 '유遊'의 상태이다.

제3강에서는 이 망각과 '유'를 논한다. 세 개의 중요한 인용이 이루어진다. 첫 번째 인용은 공자와 안회의 대화이다.

안회가 말했다. "제 공부가 늘었습니다."

공자가 말했다. "무슨 말이냐?"

— "저는 인의를 잊었습니다."

— "좋구나. 그러나 아직 멀었다."

다른 날 안회가 다시 공자를 뵈었다.

— "제 공부가 늘었습니다."

— "무슨 말이냐?"

— "저는 예악을 잊었습니다."

— "좋구나. 그러나 아직 멀었다."

다른 날 안회가 다시 공자를 뵈었다.

— "제 공부가 늘었습니다."

— "무슨 말이냐?"

— "저는 좌망坐忘했습니다."

공자는 안색을 바꾸며 물었다. "좌망이라니, 무슨 말이냐?"

안회가 말했다. "몸을 버리고, 총명(귀가 밝고 눈이 밝은 것)을 떨쳐버리고, 지혜를 버리고, 대통大通(대도)에 동화되었습니다. 이것을 좌망(고스란히 잊음)이라 합니다."

공자가 말했다. "대도에 동화되면 좋아함이 없고, 변화되면 상常이 없다. 너는 현자가 되었구나. 나는 네 뒤를 따르리라."

顔回曰: "回益矣." 仲尼曰: "何謂也?" 曰: "回忘仁義矣." 曰: "可矣, 猶未也." 他日, 復見, 曰: "回益矣." 曰: "何謂也?" 曰: "回忘禮樂矣." 曰: "可矣, 猶未也." 他日, 復見, 曰: "回益矣." 曰: "何謂也?" 曰: "回坐忘矣." 仲尼蹴然曰: "何謂坐忘?" 顔回曰: "墮肢體, 黜聰明, 離形去知, 同於大通, 此謂坐忘." 仲尼曰: "同則無好也, 化則無常也. 而果其賢乎! 丘也請從而後也." (『장자』 「대종사」)

'좌망'이라는 것은 얼핏 보면 외계와 타자에 등을 돌리고 자기 내면에 틀어박혀 전혀 활동하지 않는 것처럼 보이지만, 비유테라면 그것은 서양적으로 사물을 보는 방식의 한계에 불과하다고 말할 것이다. 그것은 온갖 상황에서 올바르고 필연적인 방식으로 대처하고 활동할 수 있다는 말이다. 그리고 그것은 '유'라는 말로도 표현된다. 두 번째 인용은 공자와 노담의 대화이다.

공자가 노담을 만나러 갔다. 노담은 막 목욕을 하고 나서 머리를 풀어헤치고 말리는 중이었다. 꼼짝도 않고 있어 사람이 아닌 것 같았다. 공자는 숨어서 기다렸다. 한참 뒤에 뵙고 물었다. "제 눈이 어두웠던 것일까요? 아니면 참으로 그랬던 것일까요? 조금 전 선생의 형체는 우뚝 선 마른 나무 같았습니다. 사물을 잊고 사람을 떠나 홀로 서 있는 것 같았습니다."
노담이 말했다. "나는 사물의 처음에서 노닐고 있었다."
공자가 말했다. "무슨 말씀입니까?"
—"고심해도 알 수 없고, 입을 열어 말할 수도 없지만, 시험 삼아 대강 말해보지."
孔子見老聃, 老聃新沐, 方將被髮而乾, 熱然似非人. 孔子便而待之, 少焉見, 曰: "丘也眩與, 其信然與? 向者先生形體掘若槁木, 似遺物離人而立於獨也." 老聃曰: "吾遊心於物之初." 孔子曰: "何謂邪?" 曰: "心困焉而不能知, 口辟焉而不能言, 嘗爲汝議乎其將." (『장자』 「전자방」)

여기에서 '사물의 처음에서 노닌다'라고 노담이 말한 것을, 비유테는 '실천적인 관심이나 의도에서 벗어나면, 의식은 고요해진 신체 고유의 지각에 의해 저절로 움직이게 된다. 이것이 유遊

124

의 형식이다'(비유테, 『장자강의』, 95쪽)라고 말했다. 즉, '하늘의 레짐' 위에 '유遊'가 있고, 그것은 신체가 '정靜'에서 전면적으로 개방되고, 정신이 그 신체에 의해 움직이게 되는 상태이다.

그리고 이것은 세 번째 인용에서 '심재心齋'라고 불린다. '심재'에 대해서는 이미 제2장의 '양형養形'과 '양신養神' 부분에서 언급했는데, 여기서 다시금 다뤄보자.

> 안회가 물었다. "감히 심재에 대하여 여쭙겠습니다."
> 중니(공자)가 말했다. "너는 뜻(마음의 생각)을 한데 모아라. 귀로 듣지 말고 마음으로 들어라. 더 나아가 마음으로 듣지 말고 기氣로 들어라. 귀는 듣는 데서 그치고, 마음은 물에 부합符合되는 데 그친다. 그에 비해 기는 허하여 물을 기다리는 것이다. 오직 도는 허(빔)에 모인다. 이 허가 심재心齋(마음의 재계)이다."
> 回曰: "敢問心齋." 仲尼曰: "若一志, 無聽之以耳而聽之以心, 无聽之以心而聽之以氣! 耳止於聽, 心止於符. 氣也者, 虛而待物者也. 唯道集虛. 虛者, 心齋也."(『장자』 「인간세」)

장자에게 문제가 되는 것은 부동不動 혹은 '정靜의 실천'이다. 여기에서 중요한 것은 '마음'의 상위개념으로서 '기氣'를 들고 나와 '기로 들어라'고 말하고 있는 점이다. 비유테는 그것을 '신체에 의해 듣는 것'(같은 책, 98쪽)이라 바꾸어 말했다. 그리고 '정신을 수양(심재)'한 끝에 장자는 '의식과 주관성의 근저'(같은 책, 98쪽)로 회귀한다. 그것은 신체적인 극점인 '허虛'이기도 하고 '혼돈渾沌'이기도 하다. 그렇다고 해도 '주관성'이 사라지는 것은 아니다. '허' 혹은 '혼돈'을 통해 길러진 '넉넉한 공허로서의 주관성'(같은 책, 100쪽)을 회복하는 것이다.

그러면 이러한 '망각' '유' '심재'라고 표현되는 최상위 활동(부동不動, 정靜)의 레짐에서 사람은 어떻게 되는 것일까? 제4강에서 비유테는 그것을 '가장 겸허한 존재자[로서의 자기]'를 받아들이는 것'(같은 책, 121쪽)이라고 말했다. 그 예로 호자壺子(호구자壺丘子)에게 가르침을 받은 열자의 변모를 들고 있다.

그 뒤 열자는 애초부터 학문을 한 적이 없었다고 생각하고, 돌아가 3년간 집을 나서는 일이 없었다. 아내를 위해 밥을 짓고, 돼지 먹이기를 사람 먹이듯 하고, 어떤 일에도 친소親疎를 두지 않았다. 몸을 닦아 소박함으로 돌아가, 멍하니 홀로 그 모양대로 서서 한데 뒤섞여 살았다. 한결같이 그리하면서 일생을 마쳤다. 然後列子自以爲未始學而歸, 三年不出. 爲其妻爨, 食豕如食人. 於事無與親, 彫琢復朴, 塊然獨以其形立. 紛而封戎, 一以是終. (『장자』「응제왕」)

비유테는 비슷한 것을 공자에 대해서도 검증하고 있다(『장자』「천운」편에 나오는 노담과 공자의 대화). 공자 또한 그 재능을 자랑하며, 자기를 받아들이려 하지 않는 다른 사람들을 힐난하고 있었지만, 노담을 통해 스스로가 변화하는 일의 중요성을 배웠던 것이다.

지금까지 비유테가 『장자』를 어떻게 독해했는지 개관했는데, 그의 독해는 『장자』 독해에서 얼마나 새로운 패러다임을 개척한 것일까? 중심에 있는 것은 '사람의 레짐'에서 '하늘의 레짐'으로 이행하는 것이고, '하늘의 레짐' 중에서도 더욱 높은 차원의 레짐인 '유遊'로 이행하는 것이다. 그러나 이것만으로는 일본이나 중국의 『장자』 독해에서 흔히 보이는 패턴과 충분히 구별되지 않을 것이다. 물론 그 세부에서 신체성에 주목한 것은 시사적이며, 『장자』를 중국사상의 유산상속에서 독립시켜 유가 의례와의 관계 속에서 고찰하는 것도 설득력이 있다. 그래도 독해 전체를 보면 다소 부족한 감이 있다. 그것은 결국 비트겐슈타인에게서 착상을 얻은 '경험의 기술'이라는 하나의 철학 모델에 따라 독해하고 있기 때문이다.

물어야 할 것은, 『장자』가 보편화 가능한 경험의 기술을 행하는 데 멈추지 않고, 경험의 구조 자체가 복수複數임을 보이고, 하나의 구조가 다른 구조로 변화하는 사태를 간파하고 있는 것은 아닌가 하는 점이다. 바꾸어 말하면, 『장자』는 일반적인 '경험의 기술'을 정확히 행하려고 했다기보다는 경험의 구조의 변화를 통해서 이 세계의 근본적 변용에 다가서려 하지 않았는가 하는 점이다. 이것은 본서가 제시하고자 하는 새로운 패러다임이다.

끝으로 비유테의 말을 인용해둔다. "환시적幻視的인 정신만이 시절에 응해 새로운 패러다임이 될 수 있는 것을 제시해왔다"(비유테, 『장자강의』, 146쪽).

영어권에서의 독해 ①

― A. C. 그레이엄까지

다음으로 영어권의 『장자』 독해를 살펴보자. 영어권의 『장자』 독해는 최근 들어 그 질과 양에서 압도적인 충실성을 보이고 있다. 그럼에도 굳이 특징을 든다면, 하나는 내용 이해라는 점에서 언어를 『장자』에 있어 중요한 문제 계열로 취급하는 것이고, 또 하나는 『장자』의 정확한 번역에 다대한 노력을 기울이고 있다는 것이다.

대개 서양 언어로 『장자』가 번역되기 시작한 것은 19세기이다. 헬무트 빌헬름Helmut Wilhelm이 「장자의 제번역: 서지학적 보유」("Chuang-tzu Translations: A Bibliographical Appendix," Victor H. Mair (ed.), *Experimental Essays on Chuang-tzu*)에서 정리한 바에 따르면, 초기의 번역으로 에른스트 파버Ernst Faber(1839–1899)의 독어역, 레옹 드 로스니Léon de Rosny(1837–1914)의 불어역, 프레더릭 헨리 발포Frederic Henry Balfour(1871–1908)의 영어역이 있다. 영어역은 그 뒤 제임스 레그James Legge(1815–1897), 풍우란, 그리고 아서 웨일리Arthur Waley(1889–1966) 번역이 속속 등장했는데, 하나의 정점을 이룬 것이 버튼 워슨Burton Watson(1925–)의 『완역 장자』(*The Complete Works of Chuang Tzu*, Columbia University Press)이다.

앤거스 찰스 그레이엄A. C. Graham(1919–1991)의 연구는 이러한 번역의 축적에 힘입은 것이다. 예컨대, 그레이엄의 「장자 제물론」("Chuang-Tzu's Essay on Seeing Things as Equal," *History of Religions*, vol.9. no.2&3)을 보면『장자』「제물론」편의 번역이 논문 후반에 실려 있는데, 전반부는 그 번역에 이르기까지『장자』독해의 궤적을 상세히 기술하고 있다. 그것은 버튼 워슨이나 풍우란에 의한 기존 번역을 참조하면서 풍우란이나 문일다聞一多 같은 중국 쪽 연구자의 연구성과도 반영하는, 참으로 고전학의 표본이라 할 만큼 공들인 문헌비평이다.

그레이엄 같은 엄밀한 문헌비평은 그 뒤로도 계승되어,『장자』내편 · 외편 · 잡편의 서사연대나 외편 · 잡편의 분류에 관한 논의가 이어지고 있다. 필자의 좁은 견문으로는 아마도 현재까지 가장 잘 정리된 것은 유소감劉笑敢의『『장자』제편의 분류』(Liu Xiaogan, *Classifying the Zhuangzi Chapters*)인 것 같다. 유소감은 그레이엄뿐만 아니라, 관봉關鋒이나 나근택羅根澤 등 중국에서 이루어진 연구나 다케우치 요시오武內義雄 같은 일본에서의 연구도 빈틈없이 살피고 있다.

그건 그렇고, 그레이엄은『장자』의 언어에 대해서 어떻게 논하고 있는가? 그것을 살펴보려면 그레이엄의『장자 : 내편』(*Chuang-Tzu: The Inner Chapters*)을 보아야 할 것이다. 그레이엄은 거기에서『장자』사상의 특징을 여섯 가지로 들고 있다. 즉, '스스로 그러함(Spontaneity)' '논리의 거부(Rejection of logic)' '하늘과 사람(Heaven and man)' '제일齊一(The unifying vision)' '죽음과 훼손(Death and mutilation)' 그리고 마지막으로 '언어(Language)'이다. 그레이엄은 '언어'를 다루는 첫머리에서는 다음과 같은 질문을 던지고 있다.

언어를 통해 도를 전달할 수 있는 가능성을 부정하는 것은 잘 알려진 도가의 패러독스이다. 『노자』의 첫머리는 '말해질 수 있는 도는 늘 그러한 도가 아니다(道可道非常道)'라는 한 행으로 시작된다. 그 구절은 늘 중국이나 서양의 유머리스트들에게 '그러면 그 저자는 왜 그 책을 썼는가'라고 묻는 빌미가 되었다. 이 아이러니는 장자의 경우에 특히 예리해진다. 장자는 틀에 얽매이지 않는 산문, 세련된 논의, 아포리즘, 일화, 격언의 성격을 띠는 산문의 달인이면서도, 뭔가를 말로 전하는 가능성에 대해서 한없는 회의를 표명했다.

그러나 자세히 살펴보면, 이 조크는 과녁에서 크게 벗어나 있다. 도가는 기술技術이나 소질, 그리고 사는 법을 전달하고자 하여, 목수(윤편輪扁)가 환공에게 어느 정도의 힘으로 나무를 깎아야 되는지는 말로 전할 수 없다고 말했을 때, 우리들은 그것을 이해하고 거기에 동의한다. 어느 철학자가 정식화할 수 없는 진리나 말로 표현할 수 없는 현실을 알고 있다는 식으로 말할 경우, 우리가 봐주기 힘든 것은 당연하다. 하지만 도가는 이미 말했듯이 (앞의 '제일齊一'을 논한 부분), 진리나 실재를 발견한다는 관점에서 생각하지 않는다. 도가는 언어의 여러 한계를 알리는 양식良識을 갖고 있어, 그것을 통해 우리들을 세계에 대한 또 하나의 퍼스펙티브나 삶의 기술로 이끌려고 한다. 그 방향을 가리키고 보여주기 위해서 도가는 이야기나 시, 경구, 그리고 입수할 수 있는 온갖 언어수단을 사용한다. 결코 언어가 필요 없다고 말하는 것이 아니고, 도가는 모든 이용 가능한 문예 자원을 찾고 있다. 그렇기에 철학적인 도가의 고전(『노자』, 『장자』, 『열자』)이 모두 중국문학사에서 중요한 위치를 차지하는 것이다. (그레이엄, 『장자 : 버편』, 25쪽)

즉, 그레이엄은 '『장자』는 단순히 언어를 거부한 것이 아니라, 언어의 여러 한계를 보인 다음에 언어를 이용하여 언어화하기 어려운 것을 전달하려 했다'고 생각한 것이다.

왜냐하면, 만약 언어를 거부했을 뿐이라면 『장자』가 언어활동을 분류하는 것은 본래부터 불필요하기 때문이다. 여기에서 그레이엄이 원용한 것은 「천하」편(앞의 제3장에서도 인용)에 등장하는 '우언' '중언' '치언'의 세 가지 언어활동 양태이다(「우언」편에서도 언급된다). 그레이엄은 그것을 각각 "일시적으로 타인의 입장을 '우禹하여(잠시 빌려)' 말하는 것" "그 사람의 권위에 기초하여 말하는 것" "날마다 쓰이는 것으로, 적게 말하면 많음을 말하고, 많음을 말하면 적게 말하는 식으로, 시점을 자유로이 바꾸어서 말하는 것"이라 이해했다(같은 책, 25-26쪽). 그리고 『장자』의 어법은 거의 '치언'이라 했는데, 그것은 통상적인 『장자』 이해와 큰 차이가 없다.

영어권에서의 독해 ②
— 채드 핸슨

그런데 『장자』의 언어를 이렇게 이해한 그레이엄은 그 뒤 비판을 받게 된다. 왕우여王又如는 『도가 장자와 선불교의 언어전략: 별개의 어법』(Youru Wang, *Linguistic Strategies in Daoist Zhuangzi and Chan Buddhism: The other way of speaking*)에서 그 비판의 포인트를 다음과 같이 정리하고 있다.

장자의 언어관에 대한 근년의 연구를 보면, 내가 논의하는 입장에서 언급할 만한 두 가지 경향이 주목된다. 하나는 A. C. 그레이엄으로 대표되는 것이다. 그것은 장자의 언어에 대한 부정적인 태도와, 장자의 생산적인 언어사용의 모순을 지적한다. "이 아이러니는 장자의 경우에 특히 예리해진다. 장자는 틀에 얽매이지 않는 산문, 세련된 논의, 아포리즘, 일화, 격언의 성격을 띠는 산문의 달인이면서도, 뭔가를 말로 전하는 가능성에 대해서 한없는 회의를 표명했다." 그러나 그레이엄은 장자의 언어사용이나 담론의 양태에 대해 설명하는 쪽에 몸을 두었을 뿐으로, 전술한 모순을 설득력 있게 해결하려고는 하지 않았다. 그레이엄이 이 모순에 관해서 보여준 유일한 해석은 '장자는 그저 사람들에게 언어의 한계를 상기시키는 양식을 갖고 있었다'는 것이다. 그것을 통해 장자는 사람들을 '세계에 대한 또 다른 퍼스펙티브나 삶의 방식으로 이끌었다', 즉 장자는 언어를 완전히 거

132

부하지는 않았다고 말한 것이다(왕우여, 『도가 장자와 선불교의 언어전략 : 별개의 어법』, 95쪽).

즉, 그레이엄은 장자의 언어관이 지닌 모순(언어를 부정함에도 불구하고 언어를 풍부하게 사용한다)을 지적했을 뿐, 그 모순을 해결하지는 않는다는 말이다. 그러면 왕우여가 말하는 '장자의 언어관에 대해 언급할 가치가 있는' 또 하나의 경향이란 무엇인가? 그것을 대표하는 이가 채드 핸슨Chad Hansen(1942-)인데, 장자의 언어관은 '사물과 그것에 할당된 이름의 관계가 적합함'을 의미하는 '언어의 적합성'에 대한 주장이라고 보는 것이다.

그레이엄의 장자 해석에 어느 정도 관련되어 있는 것인데, 핸슨은 '장자 철학에 있어서 언어의 적합성'이라는 주장을 강력하게 전개하고 있다. 그 해석은 『장자』 「제물론」 편에 기초한 것으로, 모종의 명석함과 무모순성을 지니고 있다. 그러나 핸슨 해석의 문제는 장자의 모순에 관한 텍스트를 정당하게 평가하지 않는다는 점이다. 그레이엄이 장자의 모순을 단순히 되풀이하는 것과 반대로, 핸슨은 언어의 비적합성이라는 생각을 분명하게 제시하고 있는 장자 텍스트를 무시하는 식으로 그 모순을 단지 배제하고 있다(왕우여, 같은 책, 96쪽).

그렇다면 핸슨은 어떠한 주장을 하고 있을까? 채드 핸슨의 「장자에 있어서 도 중의 도」("A Tao of Tao in Chuang-Tzu,"

Victor H. Mair (ed.), *Experimental Essays on Chuang-tzu*)를 살펴
보자.

도가는 '절대적인 실체인 도에 관한 형이상학적 이론'이라는 생
각이 받아들여져 왔지만, 나는 그것을 거부한다. 그런 절대주의
적인 해석은 늘 도가는 본래부터 모순되어 있다는 주장을 동반
했다. 내 방법론은 이 주장을 '해석자 쪽에서 잘못 받아들인 인
식'으로 취급한다. 장자 철학이 모순되어 있다고 주장할 수 있는
것은, 온당하다고 볼 수 있는 해석에 의해 그 철학에 일관성이
없다고 밝혀졌을 때뿐이다. 그러나 (장자 철학에 대한) 타당하고
비절대주의적인 해석은 존재한다. 이제부터 그런 타당하고 비절
대주의적인 해석을 논할 것이다. 그것은 장자의 도가 형이상학
적인 대상(이것은 규범적인 담론과 거의 등가이다)이라기보다 언어
적인 것이라는 점, 또 장자의 이론이 절대주의적이라기보다 상
대주의적이라는 점, 즉 장자에 따르면 복수의 도가 있다는 점을
도출하는 것이다(채드 핸슨, 「장자에 있어서 도 중의 도」, 24쪽).

절대주의적인 해석, 즉 형이상학적인 해석 대신에 핸슨은
'도'를 언어적으로 봄으로써, 모순을 낳지 않는 상대주의적인 해
석을 전개하려고 한다. '언어의 적합성'이라는 제목이 붙은 부분
에서는 이렇게 말하고 있다.

장자의 회의주의의 요점은 이렇다. 우리들은 사물을 가치적이고

기술적記述的인 범주에 할당하지만, 그것은 늘 변화한다. 즉, 장자는 변화하는 현상의 영역 배후에 뭔가 불변의 실재가 있어, 그것에 관해 우리들의 감각이 속는다고 말한 것도 아니고, 이름과 범주의 배후에 불변의 실재가 있다는 것에 이론적으로 관여하고 있지도 않다. 『장자』의 중심적인 문제는 흐름이며, '말하는 것은 뭔가를 말하지만, 말해진 것은 결코 고정되어 있지 않다'는 것이다.

이름과 범주는 사물이나 실재와는 구별된다(그렇지 않다면, 범주의 할당이 변화된다는 주장이 무의미해진다). 그러나 장자의 회의주의는 실재하는 사물이 변화하느냐 변화하지 않느냐를 주장하는 것이 아니다. 달리 말하면, 도가의 상대주의는 절대적이고 불변하고 영원하며 유일한, 그리고 궁극적인 형이상학적 도에 대한 믿음을 필요로 하지 않는다.

장자의 회의주의는 사실 그런 절대적인 가설과 정합적이지 않다. 만약 단일하고 절대적이며 무차별한 도가 있고, 또한 분할할 수 없는 것 속에 구별을 세우는 것을 전제하고 있다면, 그 결론은 모든 판단이 틀리다는 말이 될 것이다. 왜냐하면 그 판단들은 '아무것도 아닌 구별'을 전제로 하고 있기 때문이다. 그럼에도 불구하고 장자는 어떤 것도 시비할 수 없다(판단할 수 없다)고 말하는 것이 아니라, 무엇이든 시비할 수 있다고 말한다. 즉, 시비에 대해서 주장하고 있는 것이지, 궁극의 실재에 대해서 주장하고 있는 것은 아니다. (…) 장자는 모든 언어가 틀렸다고 말하지 않는다. 반대로 장자는 어떤 것을 옳다고 하고, 어떤 것을 그르다고 하는, [여러 학파 간의] 경쟁적인 주장의 배후에 '절대적인 기초는 없다'고 주장하고 있다. 그러한 시비의 할당은 할당의 여러 체계(퍼스펙티브)의 일부분인 것이다. 그러한 할당의 적절함은 버적인 것이고, 담론의 체계와 상관적인 것이다. 이것을 충분히 이해했을 때 우리들이 '한없이' 시비를 가릴 수 있다고 장자는 말한다(같은 글, 37-38쪽).

요컨대, 핸슨은 복수의 '도'(어떤 특정한 시비를 주장하는 담론 체계)가 있고, 그 속에는 사물과 범주(이름)의 할당 관계가 모종의 방식으로 설정되어 있으며, 그러한 한에서 '언어의 적합성'이 인정되는데, 그 할당 자체는 자유로이 변화될 수 있다는 상대주의적인 해석을 하고 있는 것이다.

그런데 왕우여는 핸슨의 이러한 해석 또한 충분하지 않다고 말한다. 왜냐하면 그것은 『장자』 텍스트, 더구나 핸슨이 의거하고 있는 텍스트(「제물론」편)와 모순되기 때문이라고 말한다.

도가 [말에 의해] 분명히 드러난다면, 그것은 도가 아니다. 만약 말이 논쟁적이라면, 그것은 중요한 점에는 미치지 못한다.
道昭而不道, 言辯而不及. (『장자』 「제물론」)

이 구절 바로 앞에 '큰 도는 도라고 일컬어지지 않는다(大道不稱)'라는 말이 있으니, '도'가 언어에 의해 말할 수 없는 무엇이라는 것, 즉 '도'와 언어는 부적합한 관계에 있다고 왕우여는 지적한다. 그렇다고 해도 핸슨은 '언어의 적합성'을 기술할 때, 언어와 '도'의 적합성을 기술한 것은 아니었다. 사물과 이름의 할당 관계가 적합하다고 기술했던 것이다. 그렇다면 왕우여의 지적은 반드시 핸슨의 논의를 따르는 것은 아니다.

영어권에서의 독해 ③
— 왕우여

그럼에도 왕우여가 어떻게 '그레이엄, 그리고 핸슨을 뛰어넘으려고 했는지'를 보아두는 것이 유익하지 않을까. 왜냐하면 그 어간에서 『장자』의 언어론을 해석하는 방법의 변화가 보이기 때문이다. 분석철학적인 언어분석에서 해체적인 방법으로 변화한 것이다. 왕우여는 말한다.

1980년대부터 도가철학 연구는 새로운 도전과 비평에 직면했다. 특히 그것은 데리다적인 사상가와 데리다의 영향 아래에 있는 연구자에 의한 것이다. 데리다의 '흔적' 혹은 '차연差延'개념과 장자의 '도'를 비교하려는 적지 않은 노력(불교에서 해체 논의가 심심찮게 이루어진 것과는 대조적이다), 『장자』를 1980년대에 있어서 궁극의 텍스트라고 칭찬하는 소리에도 불구하고, 도가는 로고스 중심주의라는 비판을 받아왔다. (왕우여, 『도가 장자와 선불교의 언어전략 : 별개의 어법』, 1쪽)

이것(핸슨이 스스로를 분석철학의 전통에 자리매김하는 것)은 그의 언어적 결정론의 뿌리를 가장 명백하게 드러내고 있다. 즉, 어떤 문법구조, 핸슨의 경우는 질량명사 통어론統語論(셀 수 없는 물질명사의 배열규칙)이 중국적인 언어사용과 중국적인 사고법의 바탕에 있다는 신념이다. 이것은 촘스키적 과학주의의 테마를 변주한 것이다. (같은 책, 11쪽)

여기에서 볼 수 있듯이, 왕우여는 자크 데리다의 영향을 받은 미국에서 이루어진 1980년대의 해체적인 독해(이항대립에 기초한 이론체계를 뒤엎고 새로운 물음의 마당을 여는 독해)를 계승하면서도, 한편으로는 촘스키=핸슨류의 언어결정론을 비판하고, 또 한편으로는 『장자』를 '로고스 중심주의'(로고스=언어에 의해 비로소 진리를 파악할 수 있다고 보는 입장)라고 비판하는 입장에서도 몸을 빼려 한다. 그것은 스스로의 방법론을 '포스트모더니즘을 배제한 포스트모던적 접근'이라고 설명하는 데서 잘 드러난다. 즉, 그것은 해체를 행하면서도 그 한계를 자각하는 방법론이다. 그렇다면 구체적으로 어떻게 해석하고 있는 것일까? 다음을 보도록 하자.

여기까지 오면, '무언無言의 언言'을 '관습적인 것을 횡단하는 주변적인 담론'이라고 결론지어도 좋을 것이다. 그것은 '무언'이라는 방식으로 말한다. 그것은 언어적인 뒤틀림과 우회의 양태를 띠며, '말과 침묵' 그리고 '유언과 무언'의 경계에서 벌이는 유희 같은 것이다. 그것은 습관화되거나 물상화物象化되는 담론도 아니고, 완전한 침묵도 아니다. 그것은 주변적이고 유희적인 것인 한에 있어서 어떠한 이항대립으로부터도 벗어난다. 이런 의미에서 '무언의 언'은 말과 침묵 너머에 있다. 그 언어의 한계에 관계되는(liminological) 본성은 일반적으로 두 개의 양상을 배포하고 있다. 한 가지 양상은, 언어는 언어─장자가 사용할 수 있는 유일한 도구─를 통해서밖에 알릴 수 없는 이상, 여기에서 생각할 수 있는 '스스로의 내부에 간직하고 있는 무'의 출구는 언어를 스스로 거꾸로 사용하는 것, 언어에 스스로를 향한 폭력을 허용하는 것이다. 즉, 사람은 무언가를 (받아들인다는 의미에서) 말하는 동시에 그것을 말소하며, 언어가 무라는 사실을 알리지 않으면 안 된다. 그렇게 해야 비로소 사람은 뭔가를 말하지 않는 것이 가능하며, 형이상학적이거나 로고스 중심주의적인 언어의 함정에 빠지지 않을 수 있다. 이 전략은 『도덕경』 서두의 저 경탄스런 구절까지 거슬러 올라갈 수 있을 것이다. 거기에서 노자는 똑같은 방식으로 말하고 있다. '말할 수 있는 도는 늘 그러한 도가 아니다(道可道非常道)'.

이러한 자기말소를 통해 새로운 언어전략, 새로운 언어 스타일이 형성되고 발전한다. 따라서 또 하나의 양상은, 형이상학적이거나 물상화적인 언어에서 물러나, '말해지는 것이 없는 뭔가'가 말하고 있다고 시사하는 것이다. 그것은 언어 안에는 없는 것에 관계된 효과를 언어 안에서 만들어내는 것이다. 그렇게 함으로써 이른바 말할 수 없는 것, 혹은 이름 붙일 수 없는 것(즉, 언어가 전달하기에 부적절한 것을 보여주고, 그것에 다가가는 것이다. 장자의 전략에 대한 나의 해석, 즉 '말할 수 있는 것과 말할 수 없는 것의 경계에서 벌이는 유희'로서 장자의 언어적 뒤틀림과 우회를 묘사하는 것이 훌륭하게 이루어졌다고 해보자. 그렇게 되면, 장자의 말과 침묵 사이를, 혹은 '언어에 대한 부정적 태도라는 말을 듣는 것'과 '고도로 생산적인 말과 서사' 사이를 왔다 갔다 하는, 얼핏 보면 부정합하게 보이는 면이 결정적으로 해소될 것이다. (같은 책, 107-108쪽)

왕우여는 '무언의 언'이라는 표현을 써서, 그레이엄이 보았던 언어에 대한 장자의 부정적 태도와 언어를 사용한 생산적인 말하기 사이의 '모순'을 해소함과 동시에, 핸슨이 주장하는 '언어의 적합성'이라는 생각도 뛰어넘으려 했다.

그러나 왕우여가 말하는 '무언의 언'이 '뭔가를 말하는 동시에 그것을 말소'하는 '자기소멸'이라면, 그것이야말로 '로고스 중심주의'의 핵심에 있는 장치가 아니었을까. 그것은 '근원적인 로고스'로서의 **은유**를 특권화한 것에 불과하다. 사실 왕우여는 『장자』에 나타난 언어의 망각에 대해서 다소 소박해 보이는 해석을 하고 있다. 그가 언급한 것은 '제전蹄筌'의 고사로 알려진 부분이다. 왕우여의 영어역을 일본어로 번역하면 다음과 같다.

전筌(물고기를 잡는 장치, 통발)은 물고기를 잡는 수단이니, 물고기를 잡으면 통발을 잊는다. 제蹄(동물을 잡는 덫, 올무)는 토끼를 잡는 수단이니, 토끼를 잡으면 올무를 잊는다. 말은 뜻을 파악하는 수단이니, 뜻을 얻으면 말을 잊는다. 나는 그와 같이 말을 잊은(忘言) 사람을 어디에서 만나 말을 나눌 수 있을까.

筌者所以在魚, 得魚而忘筌. 蹄者所以在兎, 得兎而忘蹄. 言者所以在意, 得意而忘言. 吾安得夫忘言之人而與之言哉! (『장자』「외물」)

여기에 나오는 '망언忘言'을 왕우여는 이렇게 해석한다.

언어의 망각이라는 개념은 언어사용을 전제하고 있다. 언어를 사용해야 비로소 언어를 잊을 수 있다. 망각은 언어사용보다 높은 차원, 즉 결코 언어의 함정에 빠지지 않는 차원에 닿아 있다. 따라서 망각이라는 개념은 언어의 방기를 의미하는 것이 아니라, 말을 좀 더 잘하고 좀 더 잘 전달하여, 더욱 좋은 결과를 얻는 것임을 가르치고 있다. (왕우여, 『도가 장자와 선불교의 언어전략 : 별개의 어법』, 103쪽)

'말을 좀 더 잘하고 좀 더 잘 전달하여, 더욱 좋은 결과를 얻는' 효과를 지닌 '망언'은 언어사용의 이상일 터이다. 하지만 그것은 이제 어떠한 비판도 닿지 않는 언어사용이 아닐까. 스스로를 망각한 언어에 대해서 누가 어디서 어떻게 비판할 것인가? 뒤에 가서 언급하겠지만, 이 '망언'이라는 개념은 왕필에 의한 전도轉倒를 거쳐 형이상학적인 개념으로 개조되었다. 왕우여가 이것을 모를 리 없다. 아마도 모종의 망각이 작용했을 것이다. 왕우여의 '해결'은 본인이 바라는 만큼 해체적이지 않았고, 그의 '포스트모더니즘을 배제한 포스트모던적 접근'은 도리어『장자』에 숨겨져 있는 언어의 형이상학을 명백히 드러내보였다고 생각된다.

그렇다면 그레이엄이 보았던 '모순'을 왕우여 같은 방식으로 해결하는 것은 어려워진다. 본래부터 그레이엄도 그렇거니와 핸슨도 언어를 뛰어넘은 '실체로서의 도'를 설정함으로써 언어의 상대성·이차성을 주장했던 것은 아니다. 즉, 언어를 부정하여 '근원으로서의 도'를 회복하려는 소박한 입론을 세우려 한 게 아니라는 말이다. '도' 역시 언어적이며, 언어활동의 효과에 불과하다. 그렇다면 언어를 부정하여 무엇을 하려고 한 것일까? 한 가지는 왕우여가 보았듯이, '망언'에 의해 좀 더 나은 경제적 효과(말을 좀 더 잘하고 좀 더 잘 전달하여, 더욱 좋은 결과를 얻는 것)를 얻으려는 것이다. 하지만 그래서는 이 세계의 레짐을 강화할 따름이다. 언어에 대한『장자』의 부정은 별개의 역동성(dynamism)을 지니고 있지는 않을까. 이것은 본서 제Ⅱ부에서 대답해야 할 물음이다.

영어권에서의 독해 ④
─그 외

그 전에 영어권에서 이루어진『장자』독해의 그 밖의 동향을 개관해보자. 1980년대에『장자』는 궁극의 텍스트라고 여겨질 만큼 붐이 일었는데, 제일 처음에 나온 것이 빅터 마이어_{Victor H. Mair}가 엮은『장자에 관한 실험적 논문집』(*Experimental Essays on Chuang-tzu*)이다. 이 책은 전문가뿐만 아니라 일반 독자에게도『장자』의 문호를 열 목적으로 편집된 것으로, 중국연구자 이외의 기고도 들어가 있다(본서 첫머리에서 소개한 유카와 히데키의「지어락_{知魚樂}」도 제3장에 실려 있다). 서문에서는 버튼 워슨이 자기가『장자』를 번역하게 된 경위를 말했고, 제1장은 그레이엄의「도가의 자연, 존재와 당위」, 제2장은 채드 핸슨의「장자에 있어서 도 중의 도」이다. 그리고 장자의 회의주의나 상대주의, 나아가서는 자연을 뛰어넘는 규범이 어떠한 것인가를 주요한 문제로 다루고 있다.

그 뒤 하와이 대학에서 간행하는 두 종의 잡지『중국철학 저널』(*Journal of Chinese Philosophy*),『철학 동과 서』(*Philosophy East & West*)를 중심으로 수많은 해체적 독해가 전개되었다. 그것을 일단락지은 것이 폴 키엘버그_{Paul Kjellberg}와 필립 아이반호_{Philip J. Ivanhoe}가 함께 엮은『『장자』에 있어서 회의주의, 상대주의, 윤리에 관한 논문집』(*Essays on Skepticism, Relativism, and Ethics in the Zhuangzi*)이다. 이 책은 1991년에 타계한 그레이엄에게 헌정한 것으로, 타이틀도 그레이엄의 문제 계열을 의식한 것이다. 수록된 논문은 해체적 독해와 함께, 그레이엄류의 논리분석과 언어분석을 계승한 것이다.

2년 뒤 로저 에임스_{Roger T. Ames}가 엮은『『장자』의 소요유』

(*Wandering at Ease in the Zhuangzi*)가 출판된다. 또한 같은 SUNY 시리즈에서 스콧 쿡Scott Cook이 엮은『세계 안에 세계를 감추다:『장자』에 관한 제동齊同이 아닌 여러 담론』(*Hiding the World in World: Uneven Discourses on the Zhuangzi*)도 출판되었다. 어느 논문집이든『장자』의 문제를 더욱 폭넓게 다룬 것인데, 개개의 논문은 각각 독자적인 관점을 제시하고 있다.

지금까지 근대에『장자』를 어떻게 독해했는지를 한눈에 살펴보았다. 거기서 남겨둔 과제를 포함하여, 드디어『장자』독해로 들어가고자 한다.

제II부

작품세계를 읽다

— 물화物化의 핵심을 둘러싸고

제1장 『장자』의 언어사상

─ 공명하는 오랄리테

이제까지의 논의를 통해 『장자』 독해의 다양성과 깊이를 어느 정도 개관할 수 있었으리라 생각한다. 그것을 항상 의식하면서, 제Ⅱ부에서는 새로운 『장자』 독해의 가능성을 제시하려 한다. 구체적으로는 다음의 관점에서 읽어갈 것이다. 즉, 언어, 도, 물화와 제동, 타자, 자유이다.

　전제筌蹄 고사를 읽는 법

　우선 『장자』의 언어문제부터 고찰해보자. 이것이 영어권에서의 『장자』 독해에서 중심적인 테마의 하나였다는 것은 이미 언급했다. 제일 먼저 왕우여가 '무언의 언'의 범례로서 거론한 '망언'부터 다시 검토해보자.

전쑬[물고기를 잡는 장치, 통발]은 물고기를 잡는 수단이니, 물고
기를 잡으면 통발을 잊는다. 제蹄[동물을 잡는 덫, 올무]는 토끼를
잡는 수단이니, 토끼를 잡으면 올무를 잊는다. 말은 뜻을 파악하
는 수단이니, 뜻을 얻으면 말을 잊는다. 나는 그와 같이 말을 잊
은(忘言) 사람을 만나 어떻게 말을 나눌 수 있을까. [그것은 매우
어려운 일이다]

筌者所以在魚, 得魚而忘筌. 蹄者所以在兎, 得兎而忘蹄. 言者所以在
意, 得意而忘言. 吾安得夫忘言之人而與之言哉! (『장자』 「외물」)

인용문 끝부분을 왕우여는 '나는 그와 같이 말을 잊은(忘言)
사람을 어디에서 만나 말을 나눌 수 있을까'라고 번역했다. 이것
은 그와 같이 말을 잊은 사람과 어딘가에서 만나고 싶다는 바람
의 의미로 독해한 것이다. 이러한 독해가 나온 이유는 '망언'을
'무언의 언'으로서 적극적으로 제시하려 했기 때문이다. 그럴 경
우 '말을 잊은 사람'은 이상적인, 어떻게 해서라도 만나고 싶은
상대가 된다.

현대 일본에서 이루어진 번역도 같은 방향을 취하고 있다.

체험적인 진실을 궁극의 진리로 여기는 인간이란 다름 아닌 도
를 지향하는 장자적 자유인인데, 어떻게 해서든 그러한 자유인
을 만나 말 없는 말(불언지언不言之言)로써 인간의 언어를 뛰어 넘
은 근원적인 진리, 무위자연의 '도'에 대해서 다 같이 이야기하
고 싶은 것이다. (후쿠나가 미쓰지, 『장자』 잡편 상, 276-277쪽)

언젠가 말 따위는 모두 깨끗이 잊어버린 사람을 만나 서로의 사상을, 말을 넘어서 차분하게 이야기하고 싶다―내가 간절히 바라는 바는 이것이다. (이케다 도모히사, 『장자』 하, 308쪽)

어느 해석이든 '망언의 사람'과 이야기하고 싶어하고, 그것이 곤란하다고 해도 소통하는 것을 긍정적으로 해석하고 있다.

그러나 『장자』의 이 부분은 과연 '망언의 사람'과 이야기할 가능성을 적극적으로 긍정하는 것일까? 이 부분 앞에서 논의되고 있는 것은 '언言(말)'과 '의意(의도, 의미)'이며, 그 관계이다. 그렇다면 단순히 '망언의 사람'과 이야기할 가능성이 전제되어 있다고 보기는 어렵다. 장자가 던지는 질문은 전달 가능성이라는 아포리아(난제)이다. 즉, '의'를 전달하는 데는 '언'이 필요하지만, 그러나 '언'은 동시에 '의'를 손상시킨다는 아포리아에 대해 묻고 있는 것이다. 그렇다면 '망언'을 '무언의 언'이라는 고차원적 언어활동으로 간단히 결론지어서는 안 된다. 그런 것이 아니라, '의'를 전달한 뒤 '언'을 버려야 하지만, 이미 '언'을 버린 '망언의 사람'과는 소통이 불가능하다는 아이러니로 독해하는 쪽이 이 아포리아적 장면을 돋보이게 하지 않을까.

그렇기 때문에 여기에서는 '나는 그와 같이 말을 잊은(忘言) 사람을 만나 어떻게 말을 나눌 수 있을까? 그것은 매우 어려운 일이다'라고 반어적인 의미로 독해하고 싶다. 이 해석을 보강하는 옛 주석을 보기로 하자.

이 부분에 대해서 곽상은 주석을 달지 않았지만, 성현영의 소는 이렇게 되어 있다.

이것은 비유이다. 의意란 현묘한 이치이다. 물고기나 토끼를 얻
기 위해서는 처음에 통발이나 올무를 쓰지만, 통발이나 올무는
물고기나 토끼가 아니다. 그와 마찬가지로, 현리玄理는 언설言說
에 가탁하지만, 언설은 현리가 아니다. 물고기나 토끼를 얻으면
통발이나 올무를 잊고, 현리가 분명히 드러나면 이름이나 말은
버린다. 먼저 말을 잊고 이치를 얻어서 도의 존재를 목격하는
것이다. 그러나 그러한 사람은 참으로 드문 법이라 이것(그 사람
을 만나서 이야기하는 것)은 어려운 일이다.
此合喩也. 意, 妙理也. 夫得魚兎本因筌蹄, 而筌蹄實而魚兎, 亦猶玄
理假於言說, 言說實非玄理. 魚兎得而筌蹄忘, 玄理明而名言絶. 夫忘
言得理, 目擊道存, 其人實稀, 故有斯難也. (성현영,『장자』「외물」소)

성현영의 해석에 따르면, '망언의 사람'과 이야기하는 것은 매
우 어렵다. '망언의 사람'이 '참으로 드물기' 때문이다. 하지만
왜 '참으로 드문' 것일까? 그것은 사실의 차원에서 그 경지에 도
달한 사람이 적다는 말이기도 하겠지만, 무엇보다 현리 차원에
서 '망언'이라는 행위 자체가 매우 어렵기 때문이 아닐까. 게다
가 만에 하나 '망언'을 실현한 사람이 있다 하더라도, 그 사람이
이상적인 경지에 있다면, 그럴수록 함께 이야기하기는 더욱 어
려워질 것이다.
다른 방식으로 말하자면, 이「외물」편의 마지막 부분에서는

'의'와 '언'의 아포리아 배후에 있는, '타자에게 말하기'라는 문제가 던져져 있는 것이다. 언어를 잊고 방기하는 것이 설령 '고독한 영혼의 삶'(에드문트 후설)에서 성립된다고 해도, 그것은 타자와의 소통이라는 수준에서는 의미를 이루지 못하는 것이 아닐까. 최종적으로는, 언어로부터 타자와의 소통을 철두철미하게 배제하지 않는 한, '득의망언得意忘言(뜻을 얻으면 말을 잊는다)'은 '말해지지' 않는 것이 아닐까. 하지만 그것이 불가능한 이상, '망언' 자체를 다시 생각해야 한다.

타자와의 소통 가능성이 '망언'을 불가능하게 만든다는 아이러니. 만약 이러한 아이러니를 『장자』의 '전제(통발과 올무)' 고사에서 읽어낼 수 있다면, 『장자』가 언어를 망각하려 했던 의미를 좀 더 신중하게 고려할 수 있을 것이다. 즉, 『장자』에 있어서 언어는 의도나 소통을 방해하는 것이면서 또한 의도나 소통 가능성의 조건을 이루고 있어, 망각에 맡길 수는 없는 것이다. 그것은 『장자』 안에서 타자라는 차원을 버릴 수 없다는 말이기도 하다.

그렇다면 왜 왕우여나 그 밖의 해석, 즉 '망언의 사람'과 만나고 싶다는 바람을 읽어내는 해석이 나온 것일까? 그것은 이 부분이 해석의 역사 속에서 형이상학적으로 독해되어왔기 때문이다. 즉, 좀 더 고차원적인 '무'라는 심급審級을 세워 언어를 계층화했기 때문이다. 그리고 그것을 실행한 이가 위魏의 왕필이었다.

왕필에 의한 전도

— '무명無名'의 논리

왕필이 『장자』의 '전제' 고사를 언급한 것은 다음 부분이다. 여기에서 왕필은 '의'와 '언'의 관계를 문제 삼고, 새롭게 형이상학적인 해석을 덧붙였다. 그때 『주역』「계사상전繫辭上傳」을 원용하여, 거기에 있던 '상象'이라는 언어, 『주역』의 괘로 대표代表되는 상징적인 언어를 도입했던 것이다.

대저 상象은 뜻을 표출하고, 언言은 상을 드러낸다. 뜻을 다하는 데에 상象만 한 것이 없고, 상을 다하는 데에 언言만 한 것이 없다. 언言은 상象에서 생겼기 때문에 언言을 탐구하여 상을 볼 수 있다. 상은 뜻에서 생겼기 때문에 상을 탐구하여 뜻을 볼 수 있다. 뜻은 상을 통해서 다하고, 상은 언을 통해서 드러난다.
따라서 언은 상을 밝히는 수단이니, 상을 얻으면 언을 잊는다. 상은 뜻을 파악하는 수단이니, 뜻을 얻으면 상을 잊는다. [이러한 사정은 『장자』「외물」편에 보이듯〕 마치 올무가 토끼를 잡는 수단이어서, 토끼를 잡으면 올무를 잊는 것과 같다. 또한 통발이 물고기를 잡는 수단이어서, 물고기를 잡으면 통발을 잊는 것과 같다. 그렇다면 언은 상을 잡는 올무이고, 상은 뜻을 잡는 통발이라 할 수 있다.
그런 까닭에 언을 〔잊지 않고〕 보존하는 것은 상을 얻지 못한 것이고, 상을 〔잊지 않고〕 보존하는 것은 뜻을 얻지 못한 것이다.

상이 뜻에서 생겼으니 그 상을 잊지 않고 보존한다면 (뜻을 얻지 못한 것이므로), 보존하고 있는 대상은 지금 문제가 되고 있는 바로 그 뜻의 상이라고는 할 수 없다. 언이 상에서 생겼으니 그 언을 잊지 않고 보존한다면 (상을 얻지 못한 것이므로), 보존하고 있는 대상은 지금 문제가 되고 있는 바로 그 상의 언이라고는 할 수 없다.

그렇다면 상을 잊는 것이야말로 뜻을 얻는 것이고, 언을 잊는 것이야말로 상을 얻는 것이다. 즉, 뜻을 얻는 것은 상을 잊는 것이고 상을 얻는 것은 언을 잊는 것이다. 그러므로 상을 세워 그것을 통해 뜻을 다했으면 상을 잊어야 하고, 쓴 것을 거듭하여 그것을 통해 정을 다했으면 쓴 것을 잊어야 한다.

夫象者, 出意者也. 言者, 明象者也. 盡意莫若象, 盡象莫若言. 言生于象, 故可以尋言以觀象. 象生于意, 故可以尋象以觀意, 意以象盡, 象以言著.

故言者, 所以明象, 得象而忘言. 象者, 所以存意, 得意而忘象. 猶蹄者所以在兔, 得兔而忘蹄. 筌者所以在魚, 得魚而忘筌也. 然則, 言者, 象之蹄也. 象者, 意之筌也.

是故, 存言者, 非得象者也. 存象者, 非得意者也. 象生于意而存象焉, 則所存者乃非其象也. 言生于象而存言焉, 則所存者乃非其言也.

然則, 忘象者, 乃得意者也. 忘言者, 乃得象者也. 得意在忘象, 得象在忘言. 故立象以盡意, 而象可忘也. 重畫以盡情僞, 而畫可忘也. (왕필, 『주역약례周易略例』「명상明象」)

왕필의 논의에는 두 가지 특징이 있다. 하나는 『주역』「계사상전」에 있는 '특권적인 언어'로서의 '상'을 가져와, 그것을 '언'과 '뜻' 사이에 끼워 넣은 것이다. 또 하나는 '득의망언得意忘言(뜻을 얻어 말을 잊는다)'의 순서를 뒤집어 '망상득의忘象得意(상을 잊어 뜻을 얻는다)'라고 하여, 사전에 언어를 망각해야 비로소 뜻을 얻을 수 있다고 여긴 것이다.

첫 번째 특징인 '상의 삽입'부터 보기로 하자. 본래『주역』「계사상전」의 논의는 이렇다.

> 공자가 말했다. "서書(글)는 언言(말)을 다 표현하지 못한다. 언은 의意(의도, 의미)를 다 표현하지 못한다." 그렇다면 성인의 의는 드러낼 수 없는 것일까? 공자가 말했다. "성인은 상象(상징적인 언어)을 세워서 의를 나타내고, 패卦(64패)를 베풀어서 정위情僞(진위)를 가려내고, 사辭(패 효사)를 붙여서 그 언을 표현했다. (또한) 이것들을 변용하여 유통시켜 세상을 이롭게 하고, 고무하여 신神(불가사의한 작용)을 실현하게 했다.
> 子曰: "書不盡言, 言不盡意." 然則聖人之意其不可見乎? 子曰: "聖人立象以盡意, 設卦以盡情僞, 繫辭焉以盡其言, 變而通之以盡利, 鼓之舞之以盡神." (『주역』「계사상전」)

말로도 글로도 '성인의 뜻'을 모두 표현할 수는 없다. 그러나 '성인의 뜻'이 표현되지 않으면 우리들은 그것에 접할 수도 없고, 그것에 근거를 두어 그 입장에 설 수도 없다. 그래서 도입된 것이 『주역』을 구성하는 '특권적인 언어'(상·괘·사)이다.

왕필이 활동할 무렵에 왕성하게 논의되었던 언진의言盡意·언부진의론言不盡意論(말은 뜻을 다 표현할 수 있는가 없는가)에 의해 정리한다면, 『주역』「계사상전」의 이 부분은 일반적인 언어활동에서는 '언부진의言不盡意(말은 뜻을 다 표현할 수 없다)'를 인정하면서도, '성인의 뜻'과 같은 초월적인 '뜻'을 돕기 위해서 특권적인 언어인 '상' '괘' '사'를 도입하고, 그 경우에 한해서 '언진의言盡意(말은 뜻을 다 표현한다)'를 주장하는 것이라고 독해할 수 있다.

왕필은 이 두 가지 상이한 주장을 하나로 합치려 했다. 즉, 특권적인 언어를 '상'이 대표하게 하고, 그것을 '언'과 '뜻' 사이에 끼워 넣었다. 그렇게 함으로써 일반적인 언어활동에서도 '언진의言盡意(말은 뜻을 다 표현한다)'하게 된다고 논증하려 했던 것이다.

이것은 왕필 논증의 두 번째 특징인 '순서의 전도'와 이어진다. 왕필의 논의를 도식화해보자.

A '뜻'은 언어('상' 그리고 '언')에 의해 다 표현되고 보인다.
B '뜻'을 얻으면 언어는 '잊혀진다'.
C '뜻'을 얻기 위해서는 '언어'를 잊어야 한다.

왕필은 A단계에서 시작한다. '뜻'은 '상'에 의해 다 표현되고, '상'은 '언'에 의해 다 표현된다. 이것은 앞에서 본 '왕필의 첫 번째 특징'이다. 그렇다고 해도, 왕필은 언어가 '뜻'을 아무 조건 없이 다 표현한다고 생각한 것은 아니다. B단계에서 왕필은 『장자』의 '전제(올무와 통발) 고사'에 담긴 논리(득의망언)를 본받아 〈언어의 망각〉을 기술한 뒤에, 그것의 순서를 뒤집는다. 그것이 C단계이다. 즉, 언어를 잊어야 비로소 '뜻'을 얻을 수 있다는 것이다. 이 지점에서 왕필은 언어('상'과 '언')에 형이상학적 조작을 가한다. 즉, '뜻'을 얻으려면, 언어는 〈망각된 언어〉여야 한다. '뜻'을 다 표현하는 데 어울리는 것은 〈망각된 언어〉이다.

순서의 전도와 〈망각된 언어〉라는 강력한 아이디어가 왕우여나 현대의 해석에까지 영향을 미치고 있는 것은 분명해 보인다. 그렇다면 이 아이디어의 배경에는 무엇이 있는 것일까? 그것은 제I부에서 이미 언급했던, 왕필이 전개한 '무無'의 형이상학이다.

왕필은 '유有'의 차원을 넘어, 그것을 만들어내고 기초를 제공한 차원으로서 '무'를 제시했다. '망언忘言' 혹은 '망상忘象'을 『장자』와는 달리, '유'가 아니라 '무'의 차원에 자리 잡은 것으로 파악했다.

말로 이야기해버리면 그 (말로 제시된 도道·현玄·심深·대大·미微·원遠 같은 것의) 항상성을 잃어버리고, 이름을 붙이면 그 진眞에서 멀어진다. 뭔가를 하면 본성을 손상시키고, 손에 넣으려 하면 근원성을 상실한다. 그런데 성인은 말로 이야기하는 것을 중요하다고 여기지 않았기 때문에 항상성과 어긋나는 일이 없었고, 이름 붙이는 것을 상常이라 여기지 않았기 때문에 진眞에서 멀어지지 않았다. 또한 뭔가 일을 하려 하지 않았기 때문에 본성을 손상시키지 않았고, 손에 넣으려고 하지 않았기 때문에 근원성을 잃지 않았다. (왕필, 『노자지략老子指略』)

이름이란 가령 멋진 것이라 해도, 거기에는 필연적으로 위僞가
발생한다.

名雖美焉, 僞亦必生. (왕필, 『노자』 38장 주)

가장 참된 구극究極은 이름 붙일 수 없다. 무명이야말로 구극의
이름이다.

眞之極, 不可得名. 無名, 則是其名也. (왕필, 『노자』 21장 주)

여기에 인용한 『노자』 주석에서 명백히 드러나듯, 왕필은 언어
를 '뜻'의 진리를 위협하는 '위僞'가 생기는 장소라고 이해하고
있다. 언어는 '실失' '리離' '위違' 따위의 부정적인 작용을 낳는
다. 즉, 왕필은 언어가 '뜻'을 어느 정도는 표현하지만, 그러나
동시에 그 진리성과 순수성을 손상시킨다고 본 것이다.

그렇다면 언어를 사용하더라도, '뜻'을 손상시키는 언어의 부
정적인 작용을 어떻게든 말소하지 않으면 안 된다. 그러기 위해
서 어떻게 하면 좋을까? A단계에 머물러 있으면, '뜻'의 순수함
을 손상시킬 뿐이다. 그것을 피하려면, 언어가 '뜻'을 표현하는
효과를 올리자마자 얼른 언어를 잊어야 한다. 그런 까닭에 B단
계에서 군이 『장자』의 '전제 고사'를 도입한 것이다. 그러나 효
과를 올린 뒤에 언어의 부정성을 금지하는 것으로는 아직 '뜻'의
순수함을 완전히 보지할 수 없다. 여기에서 C단계의 '순서의 전

도'가 발생한다. 즉, 언어의 부정성이 작용하기 전에 **처음부터 잊는**
것이다. 언어를 **사전에** 망각하고, 그것을 '무명' '망언' '망상'이
라는 '무'의 차원으로 지양함으로써, '유' 차원에서 언어의 부정
적인 작용이 작동하지 않게 하여 순수한 '뜻'만을 표현하게 한
다. 왕필이 지향한 것은 이러한 망각이었다.

그렇다고 해도 왕필의 이러한 논리를 그대로 인정할 수는 없다.
그것이 사실상 불가능하기 때문에 인정할 수 없을 뿐만 아니라,
그것이 너무 폭력적일 가능성이 있기 때문이다. 이 논리는 언어
가 구체적으로 작동하기 직전에 언어의 타성他性을 환원하기 위
해, 마치 아무 일도 없었던 것처럼 행동하며 언어의 흔적을 미리
말소하려 한다. 그것은 마치 과거 따위는 없었던 것처럼 모든 과
거를 인정하지 않는 것과 같다. 즉, 현재와는 다른 것, 이곳과는
다른 것, 자기와는 다른 것을 인정하지 않는 것이다. 이것은 모든
형태의 시간성과 역사성을 인정하지 않는 것이다. 언어의 죽음은
시간의 죽음이기도 하다. 왕필이 묘사하는 '어떠한 흠도 없는 순
수한 뜻'의 세계에서는 사건이 없고, 시간이 죽어 있다.

'뜻'과 언어
— 현전과 부재, 생과 사

『장자』로 돌아가자. '전제 고사'를 왕필 식으로 순서를 뒤집어
'망상득의'를 통해 이해할 필요도 없지만, 더구나 그것은 적절하

지도 않다. 『장자』가 말하고 있는 것은 '뜻'을 포착하는 수단인 '언'은 망각 가능한 것이고, 혹은 망각하는 쪽이 좋은 것이기도 하지만, 그럼에도 '언'을 없앨 수는 없다는 사실이다. 언어가 지닌 부정적인 작용(다른 '뜻'을 표현하여 본래의 '뜻'이 지닌 순수함을 손상시키는)에 주의하면서도, 언어는 편의에 맞게 환원시킬 수 없는 무엇이라는 사실을 말하고 있다.

『장자』에는 언어의 부정성 중에서도 특히 글에 대한 우려가 표명되어 있다.

세상 사람들이 도라고 하여 귀히 여기는 것은 책이다. 그러나 책은 말(하여진 것)에 지나지 않는다. 말(하여진 것) 속에 귀히 여겨야 할 것이 있다. 말(하여진 것) 속에 귀히 여겨야 할 것은 뜻이다. 그리고 뜻에는 가려는 바가 있다. 뜻이 가려는 바는 언어로 전달할 수 없다. 그런데 세상 사람들은 말을 귀하게 여겨서 책을 전한다. 세상 사람들이 아무리 귀히 여겨도, 나는 역시 귀히 여길 것이 못 된다고 생각한다.
世之所貴道者書也. 書不過語. 語有貴也. 語之所貴者意也, 意有所隨. 意之所隨者, 不可以言傳也, 而世因貴言傳書. 世雖貴之, 我猶不足貴也. (『장자』 「천도」)

환공이 당상堂上에서 책을 읽고 있었다. 바퀴를 만드는 목수 편이 당하堂下에서 바퀴를 만들고 있었다. 편은 망치와 끌을 곁에 두더니 당상으로 올라와 환공에게 물었다.

— "공께서 읽으시는 것은 어떠한 말입니까?"

— "성인의 말이다."

— "성인은 살아 계십니까?"

— "이미 돌아가셨다."

— "그러하면 공께서 읽으시는 것은 옛사람의 찌꺼기에 불과하군요."

환공이 말했다. "내가 책을 읽는데 바퀴 만드는 목수 따위가 함부로 입을 놀리느냐! 할 말이 있다면 괜찮겠지만, 할 말이 없다면 죽이겠다."

편이 대답했다. "저는 제 일을 가지고 생각해보겠습니다. 바퀴를 깎을 때, 너무 깎으면 헐거워서 튼튼하지 못하고, 덜 깎으면 빡빡해서 들어가지 않습니다. 너무 깎지도 않고 덜 깎지도 않는 것은 손짐작으로 느끼는 것입니다. 입으로 말할 수는 없지만, 거기에 비결이 있습니다. 그것은 제 자식에게도 가르칠 수 없고, 제 자식도 저에게서 이어받을 수가 없습니다. 그래서 일흔이 되어서도 바퀴를 깎고 있습니다. (이것과 마찬가지로) 옛사람은 자기가 전할 수 없는 것과 함께 죽었을 것입니다. 그러니 공께서 읽으시는 것은 옛사람의 찌꺼기일 따름입니다."

桓公讀書於堂上, 輪扁斲輪於堂下, 釋椎鑿而上, 問桓公曰: "敢問, 公之所讀者何言邪?" 公曰: "聖人之言也." 曰: "聖人在乎?" 公曰: "已死矣." 曰: "然則君之所讀者, 故人之糟魄已夫!" 桓公曰: "寡人讀書, 輪人安得議乎! 有說則可, 無說則死." 輪扁曰: "臣也以臣之事觀之. 斲輪, 徐則苦而不入. 不徐不疾, 得之於手而應於心, 口不能言, 有數存

焉於其間. 臣不能以喩臣之子, 臣之子亦不能受之於臣, 是以行年七十
而老斲輪. 古之人與其不可傳也死矣. 然則君之所讀者, 故人之糟魄已
夫!"(『장자』「천도」)

공자가 노담에게 말했다. "저는 육경(시·서·예·악·역·춘추)을 공
부했고, 스스로는 오랜 세월을 들였다고 생각합니다. 그 가르침
도 숙지했습니다. 그리고 일흔 두 명의 군주를 만나, 선왕의 도
를 논하고, 주공과 소공의 사적을 밝혔습니다만, 아무도 채용해
주는 이가 없었습니다. 사람을 설득하고 도를 밝히는 일은 참으
로 어렵습니다."

노자가 말했다. "다행스런 일이오. 당신이 군주를 만나지 못한
것은. 대저 육경은 선왕의 케케묵은 흔적이지, 흔적을 만든 원인
은 아니라오. 지금 당신이 말한 것 또한 흔적 같은 것이오. 대저
흔적은 신발이 버는 것이니, 흔적이 신발은 아닌 것이지요."

孔子謂老聃曰: "丘治詩書禮樂易春秋六經, 自以爲久矣, 孰知其故矣.
以奸者七十二君, 論先王之道而明周召之迹, 一君無所鉤用. 甚矣夫!
人之難說也! 道之難明邪?" 老子曰: "幸矣子之不遇治世之君也! 夫六
經, 先王之陳迹也, 豈其所以迹哉! 今子之所言, 猶迹也. 夫迹, 履之所
出, 而迹豈履哉!"(『장자』「천운」)

두 번째 인용은 제I부에서 비유테가 언급했던 명인의 이야기
가운데 하나인데, 사실 이 부분에서 논의되는 핵심은 명인의 솜
씨가 '사람의 레짐'에서 이행한 '하늘의 레짐'에 있다는 점이 아

니다. 앞뒤의 인용과 아울러 생각하면, 논의의 중심은 뜻→언어→서書(글)라는 위계가 존재하고, 그중에서 '글(로 적은 것)'은 가장 파생적이고 가장 열등한 데 비해, '뜻'은 가장 근원적이고 언어를 통해 전달하기 어려울 만큼 훌륭하다는 것이다.

그렇다면 '흔적'이나 '찌꺼기'라 해서 가치적으로 낮아 보이는 글은 망각되고 억눌려야 한다. 왜냐하면, 세 번째 인용에 나오는 공자와 노담의 대화에 따르면, '흔적'을 '신발'이라 오해해서 '신발'에 의한 걸음이 방해받기 때문이고, 바퀴 만드는 목수 편의 이야기에 따르면, 책이 뛰어난 기술을 전달하는 것을 방해하기 때문이다. 즉, 글은 순수한 '뜻'과 그것의 '전달'을 방해한다는 이유로 비판받고 있는 것이다.

거꾸로 생각하면, 뜻→언어→글이라는 위계의 정점에 있는 '뜻'은 전달할 수 없는 무엇이라기보다 오히려 언어로 전달하려고 하면 쉽사리 손상되어버리는 것이다. 그러면 그 이유는 무엇인가? 그 대답은 바퀴 만드는 목수 편의 이야기에 드러나 있다. 즉, '성인은 살아 계십니까?' '이미 돌아가셨다' '그러하면 공께서 읽으시는 것은 옛사람의 찌꺼기에 불과하군요' '옛사람은 자기가 전할 수 없는 것과 함께 죽었을 것입니다'라는 기술에서 볼 수 있듯이 '뜻'은 살아 있는 사람, 지금 현존하고 있는 사람에게서 떼어낼 수 없다. 그런데 언어, 특히 글은 '뜻'의 부재에 있어서도 기능하는 것, 삶과 대비해서 말한다면 죽음에 속해 있는 것이다. 요컨대, 언어는 '뜻'에 부재와 죽음을 가져옴으로써 '뜻'을 근본에서부터 손상시키는 것이다.

다만 여기에는 결정적인 아포리아가 있다. 현전現前과 생의 차원에서 찾아낼 수 있는 '뜻'은 전달되어야만 하지만, 그것은 부재와 죽음을 가져오는 언어에 의존할 수밖에 없다는 아포리아이다. 바퀴 만드는 목수 편은 자기 자식에게 기술을 전할 수 없다고 탄식했다. 편과 자식 모두 현전하고 있는데도 '뜻'은 전달할 수 없다. 그것은 그의 '뜻'이 대단히 순수하기 때문일지도 모르지만, 전달할 수 없는 이상, '뜻'은 부재이며, 죽음으로 다가가는 것일 수밖에 없다. 그렇다면 언어에 의해 손상되기 전에 '뜻'은 부재와 죽음의 그림자로 덮이게 된다. 여기에서 다시 '전제 고사'로 돌아간다. '망언의 사람'이 이상적이라 해도, 그 사람과는 말을 나눌 수 없다. 그럼에도 '뜻'을 이해하고자 한다면, 역시 언어를 쓸 수밖에 없다. 설령 언어에 의해 손상된다고 해도 '뜻'은 언어 없이는 아무것도 아니기 때문이다.

그런데 언어에 의한 전달은 '뜻'을 손상시키기만 하는 것일까? 언어가 여는 소통의 가능성은 '뜻'을 전달하는 데 성공했는지 실패했는지, 단지 그것에만 귀착되는 것이 아니라 뭔가 다른 차원을 여는 것은 아닐까.

『장자』
── 근원적인 오랄리테*

여기서 꼭 짚어봐야 하는 것은, 『장자』에는 언어에 대한 불신과는 별도로 모종의 방식으로 이루어지는 언어에 대한 근원적인 신뢰가 있다는 점이다. 예를 들어 다음 부분을 보기로 하자.

대저 말이란 불어오는 바람 소리가 아니고, 말에는 의미가 있다고들 생각한다. 그러나 그 말하는 대상이 아직 정해져 있지 않다면, 과연 의미가 있다고 말할 수 있을까. 의미 따위는 없는 것이 아닐까. 또한 말은 새끼 새가 우는 소리와 다르다고들 생각하지만, 과연 구별이 있는 것일까. 구별 따위는 없는 것이 아닐까. 도가 어딘가에 숨었기 때문에, 진위가 있는 것은 아닐까. 말이 어딘가에 숨었기 때문에, 시비가 있는 것은 아닐까. 도가 어딘가로 가버렸기 때문에, 잡을 수 없게 된 것은 아닐까. 말이 어딘가로 가버렸기 때문에, 틀어지게 된 것은 아닐까. 이것이 '도는 소성小成에 숨고, 말은 영화榮華에 숨었다'는 것이다. 이리하여 유가와 묵가의 시비가 생긴 것이고, 한쪽이 그르다고 하는 것을 옳다고 하고, 옳다고 하는 것을 그르다 하게 되었다. 그른 것을 옳다 하고, 옳은 것을 그르다 하는 상황에, 명찰明察을 쓸 필요는 없다.

夫言非吹也, 言者有言, 其所言者特未定也. 果有言邪? 其未嘗有言邪? 其以爲異於鷇音, 亦有辯乎, 其無辯乎? 道惡乎隱而有眞僞? 言惡乎隱而有是非? 道惡乎往而不存? 言惡乎存而不可? 道隱於小成, 言隱於榮華. 故有儒墨之是非, 以是其所非而非其所是. 欲是其所非而非其所

---

*불어 oralité, 영어로는 Orality. 원原 소리, 근원적인 소리나 음, 구승성口承性 등을 뜻한다.

是, 則莫若以明. (『장자』「제물론」)

　유가와 묵가 사이에는 시비의 판단을 둘러싼 대립이 있는데, 그것이 생긴 것은 '도'와 '말'이 숨어버렸기 때문이다. 양쪽을 다 인정할 '명明'에 서서 생각하면, '도'와 '말'이 숨김없이 드러나 있는 지점으로 돌아갈 수 있다. 그것은 불어오는 바람 소리처럼, 새끼 새가 우는 소리처럼, 근원적인 오랄리테(소리)가 울려 퍼지고 있는 장면이다. 그곳에서는 '도' 또한 '말'과 마찬가지로, 본래는 사람이 발하는 소리였다는 사실을 상기하자. 사람이 발하는 소리는 시비의 대립이라는 '의미의 차원'에서 쓰이거나, '뜻'을 전달하거나 하는 것만은 아니다. 그것은 이 세계를 왁자하고 떠들썩하게 채우는 소리 혹은 소음과 마찬가지로, 말하자면 '원原-말'로서, 의미작용과 관계없이 울려 퍼지는 것이기도 하다.
　장자는 울려 퍼지는 그 소리를 다음과 같이 묘사했다.

　자기가 말했다. "무릇 대지가 버쉬는 숨결을 일컬어 바람이라 하지. 바람이 일지 않으면 그만이지만, 바람이 일면 온갖 구멍이 요란하게 울린다네. 자네는 저 윙윙 하고 울리는 소리를 듣지 못했는가? 산의 나무들을 뒤흔들어, 백 아름드리 큰 나무들의 모든 구멍을 울리지. 코 같고 입 같고 귀 같고 되 같고 술잔 같고 절구 같고 연못 같고 웅덩이 같은 갖가지 구멍이 있다네. 그 소리는 물이 용솟음치고, 화살이 쉼쉼 날고, 꾸짖고, 숨을 들이쉬고, 울부짖고, 흑흑 눈물 흘리고, 말을 우물거리고, 슬퍼하는 것

같지. 앞소리가 휘휘 울리면 뒷소리가 윙윙 하고 대답하듯 울린다네. 산들바람에는 작게 화답하고 거센 바람에는 크게 화답하지. 거센 바람이 멎으면, 온갖 구멍에서 나는 소리도 그친다네. 자네는 나무들이 수런수런 흔들리고, 살랑살랑 흔들리는 것을 보지 못했는가?"

子綦曰: "夫大塊噫氣, 其名爲風. 是唯無作, 作則萬竅怒喝. 而獨不聞之寥寥乎? 山陵之畏佳, 大木百圍之竅穴, 似鼻, 似口, 似耳, 似枅, 似圈, 似臼, 似洼者, 似污者, 激者, 謞者, 叱者, 吸者, 叫者, 譹者, 宎者, 咬者. 前者唱于而隨者唱喁. 冷風則小和, 飄風則大和, 飄風濟則衆竅爲虛. 而獨不見之調調之刁刁乎?" (『장자』 「제물론」)

이것은 「제물론」 편의 첫머리에 있는 문장으로, '지뢰地籟(대지의 소리)'를 묘사한 부분이다. 『장자』는 '지뢰'를 '인뢰人籟(사람이 내는 소리)'와 '천뢰天籟(하늘의 소리)' 사이에 두었다. 천지인天地人의 모든 차원에서, 이 세계에는 소리가 가득가득하다. 보통 그 소리들을 사람이 의식하는 일은 없다. 그 소리들은 말하자면 '배경을 이루는 소음(background noise)'이기 때문이다.

'뜻'을 전달하려는 소통의 견지에서 언어는 귀에도 거슬리고 눈에도 거슬리는 방해물이었다. 그런 까닭에 언어를 지배하고, 그리하여 '뜻'을 전달하는 데 방해되는 것을 배제하려고 했던 것이다. 그래서 첫 번째로 배제된 것이 '글'이었는데, 소리 또한 '배경을 이루는 소음' 취급을 당하며 쫓겨난 것이다. 에마뉘엘 레비나스Emmanuel Lévinas와 모리스 메를로 퐁티Maurice Merleau-Ponty

를 영어로 번역한 사람이며, 타자와의 만남을 철학적으로 고찰해온 알폰소 링기스Alphonso Lingis(1933-)는 이렇게 말하고 있다.

소통이란, 배경을 이루는 소음과 그 메시지에 내재된 소음에서 메시지를 끄집어내는 것을 의미한다. 소통이란, 간섭과 혼란에 대한 싸움이다. 그것은 배경으로 되돌려버려야만 하는 무관계하고 모호한 신호, 그리고 사투리, 발음 간의 차이, 들리지 않는 발음, 우물거리는 말, 기침, 울부짖음, 도중에 취소되어 마지막까지 말해지지 않는 말, 비문법적 표현 같은, 대화하는 사람이 서로에게 보내는 신호에 포함된 불쾌한 소리와, 알아보기 힘들게 써놓은 문자기호에 대한 싸움인 것이다. (알폰소 링기스, 『아무것도 공유하지 않은 자들의 공동체』, 100쪽)

그렇기는 하지만, '뜻'을 전달하려는 소통의 견지에서도 '배경을 이루는 소음'은 불가결한 것이다. 왜냐하면 그것 없이는 사람은 결코 개별적인 경험에 닿을 수 없기 때문이다. '배경을 이루는 소음'은 그 사람, 그리고 그 사람이 마주하는 존재자의 특이성을 구성하는 '생명의 잡음'이다.

우리들은 정보를 전달하는 표현의 동인動因이라는 점에서 교환 가능한 존재이다. 그러나 우리들의 유일성과 무한의 식별 가능성은 우리들의 울부짖음, 중얼거림, 웃음과 눈물, 즉 '생명의 잡음' 속에서 발견되고, 귀로 들을 수 있는 것이다.

여기서 매우 장자적인 링기스의 표현을 보기로 하자.

올리비에 메시앙Olivier Messiaen(1908-1992)＊은 〈크로노크로미 Chronochromie〉(전7곡)에서 정글의 새들이 버는 방대한 양의 신호 (새가 지저귀는 소리를 녹음한 방대한 테이프에 들어 있는)를 음악, 리듬, 하모니, 멜로디로 만든 것이 아니다. 우리들은 그 곡에서 심벌즈, 종, 파이프 같은 금속 소리, 마호가니, 떡갈나무, 대나무 같은 나무 소리, 현絃, 드럼 같은 동물 가죽에서 나는 소리, 먼지 떨이의 섬유에서 나는 소리, 덩굴, 수지樹脂, 분비액에서 나는 소리가 무수한 조류鳥類가 버는, 미친 듯이 기뻐하는 야성의 소음으로 변하는 것을 듣는다. 그리고 우리들이 그것을 들을 때, 그 소리는 다시 우리들 자신의 소리로 변모한다.

왜냐하면 우리들 또한 전달하는 것을, 배경을 이루는 소음과 함께 전달하고, 배경을 이루는 소음을 전달하기 때문이다. 소통이 성립되는 것은 대지, 해양, 드넓은 하늘의 맥동이 우리들의 몸 안에 포착되고 응축되고 확장되어, 차츰차츰 우리들의 몸 안에서 해방되어, 그 메아리가 바람과 바다와 함께 돌아오는 것을 귀로 들을 때이다. (링기스, 같은 책, 130쪽)

바로 이 '배경을 이루는 소음'이 소통을 가능하게 하는 조건이었다. 다만 그것은 투명한 소통에 있어서는 불가능성의 조건이

＊프랑스의 작곡가, 오르간 연주자, 피아니스트. 신학과 조류학에도 조예가 깊었다.

기도 했을 것이다. '배경을 이루는 소음'은 '우리들의 몸 안에 포착되고 응축되고 확장되어, 차츰차츰 우리들의 몸 안에서 해방되'는 순환 속에 있다. 『장자』의 표현을 빌려 고쳐 말한다면, '지뢰地籟'의 경우 바람이 온갖 구멍을 울리듯이, 그 소리들은 단독으로는 존재하지 않는다. 소리는 일종의 '신호'로서 다른 소리와 메아리치며 고독하지 않은 것, 버림받지 않는 것임을 알려주고 있다.

그렇다면 『장자』에서도 바람 소리나 새끼 새가 우는 소리처럼, 혹은 나무들의 수런거림이나 온갖 구멍이 내는 소리처럼, '도'나 '말'이라는 어떤 근원적이고 공명하는 오랄리테(소리)가 상정되고, 그것에 대한 믿음이 표명되고 있다고 말할 수 있을까? 구체적인 이미지를 그려보기 위해, 역시 새소리에 귀를 기울인 현대 음악가 다케미쓰 도오루武滿徹의 말을 들어보자.

서로 다른 소리가 한없이 메아리치는 세계에서, 사람은 저마다 단 하나의 소리를 들으려 애쓴다. 그 소리는 아마도 우리들 내부에서 희미하게 진동하고 있는, 어떤 뭔가를 일깨우려 하는 시그널(신호)일 것이다. 아직 형태를 이루지 않은 마음의 소리는 다른 소리(신호)의 도움을 받아서 확실한 제 소리가 되는 것이다. (…)

지상에서 들리는 모든 소리는 서로 다른 파장의 집적으로 이루어져 있다. 파장이 집적된 상태, 혹은 강함의 정도 같은 것이 그 음의 독자적 울림을 만들어낸다. 그리고 거기에 모여 있는 파장은 서로에게 물리학적인 신호 역할을 하는데, 이것은 매우 암시적이라는 생각이 든다. 신호로서의 파장은 다른 파장을 전혀 다른 새로운 진동으로 바꾸는데, 신호 또한 원래의 파장 그대로는 아니다. 나는 이것을 단순히 물리적인 상승효과로 생각하고 싶지 않다. 다른 것을 바꾸고, 또 자기를 바꾼다는 것은 '운동'의 원칙이 아닐까. (다케미쓰 도오루, 「어두운 강 물결에」, 고이누 준이치小沼純一 편, 『다케미쓰 도오루 에세이 선집 : 말의 바다에』, 280-281쪽)

'서로 다른 소리가 한없이 메아리치는 세계'에서는 음이 다른 음과 부딪치고 되울려 '다른 것을 바꾸고, 또 자기를 바꾼다'. 『장자』에 묘사된 오랄리테의 차원 또한 바로 이런 음의 '운동'이다. 그것은 결코 고립된 것이 아니며, 다른 것과 관련을 맺으면서 울려 퍼지는 것이다.

그리고 울려 퍼지는 '운동'의 성질을 띤 음을 들을 수 있는 사람을 『장자』는 성인이나 진인이라 부르며 이상화했다. 다만 성인이나 진인이라도 이러한 음을 듣는 것은 결코 쉽지 않다. 가령 새소리는 어떨까? 다시 다케미쓰의 말을 들어보자.

언젠가 나는 다음 작업을 준비하기 위해 새소리를 녹음한 테이프를 들었다. 오실로스코프oscilloscope*에 보이는 파형波形의 아름

---

*브라운관을 사용해 전류의 변화를 관찰하는 장치.

다움에 넋을 잃고 있다가, 순간적으로 나타났다가 사라져버리는 미묘한 파형을 내 귀가 포착하지 못하고 있음을 알아챘다. 테이프의 속도를 2분의 1로, 다시 4분의 1로 떨어뜨려본다. 우리들은 실제보다 4옥타브 낮은 피치에서 새소리를 들을 수 있다. 그러자 작고 귀여운 개똥지빠귀는 거대한 괴물처럼 큰 소리로 호른을 불었다. 나는 놓치기 쉬운 그 미묘한 파형을 포착하여 입으로 노래를 불러보았다. 그제야 겨우 괴물이 아닌 귀여운 개똥지빠귀를 이해할 수 있었고, 더욱 친밀한 느낌을 갖게 되었다. 하지만 그때부터 내 작업은 잘 진척되지 않았다. 물론 나는 여기서 인간과 새의 생물학적인 차이를 문제 삼을 생각은 없다. 다만 새들의 충실한 노래를 나는 오직 4분의 1의 속도에서만 완전히 이해할 수 있었다. 그렇다면 나는 음악가로서 지금보다 네 배로 노력하지 않으면 새처럼 노래할 수 없다는 말이다. 또한 설령 그렇더라도, 그토록 아름답고 충실한 노래를 부를 수 있을는지… (「벌레, 새, 음악」, 같은 책, 240쪽)

새소리를 듣고 새처럼 노래하기 위해서는 '지금보다 네 배로 노력하지 않으면' 안 된다. 그럼에도 『장자』가 지향한 것은 이런 방식으로 듣기였다. 오랄리테의 차원에 도달하여 '도'를 듣기 위해서는 뭔가 큰 노력이 필요하다. 그것은 나에게 근원적인 변용을 재촉하는 노력이다. 타자를 통해서, 내가 다른 것이 되지 않으면 안 되는 것이다.

제2장 도를 듣는 법
— 도는 똥오줌에 있다

도를 얻은 신체

　장 프랑수아 비유테가 언급한 세 사람의 명인 중에서 바퀴 만
드는 목수 편에 대한 이야기는 앞에서 다루었다. 여기서는 나머
지 두 명인, 즉 요리사 정과 수영의 명수에 대한 이야기를 검토하
고자 한다. 왜냐하면 '도'를 듣는 일은 오직 신체의 체제를 변화
시켜야만 가능한데(비유테는 그것을 '사람의 레짐'에서 '하늘의 레
짐'으로 변화하는 것이라 불렀다), 명인들이 그 전형적인 방식을 보
여주고 있기 때문이다.

　우선 요리사 정의 이야기부터 보기로 하자.

　요리사 정이 문혜군을 위해 소를 잡았다. 손을 대고, 어깨를 기
울이고, 발로 밟고, 무릎을 구부리는 몸놀림이 훌륭했다. 칼을 휘
두르자 서걱서걱 뼈가 갈라지는 좋은 소리가 나면서 소가 점점

해체解體되었다. 옛 춤곡인 '상림의 무'나 '경수의 회'에 어우러지는 듯했다.

문혜군이 말했다. "참으로 훌륭하구나. 기술이 이런 경지에까지 이를 수 있구나."

정은 칼을 놓고 대답했다. "제가 좋아하는 것은 도입니다. 그것은 기술 이상의 것입니다. 제가 처음으로 소를 잡기 시작할 때는 눈에 보이는 것이 온통 소밖에 없었습니다. 3년이 지나자, 이미 소 전체가 보이는 일은 없어졌습니다. 이제 지금에 와서, 저는 정신으로 파악하고 눈으로 보지 않습니다. 감각기관이 멈추고, 정신이 바라는 대로 행하고 있는 것입니다. 자연의 근목筋目(리理)을 따라서, 칼이 큰 틈에 들어가, 중요한 구멍으로 인도되어 가르며, 필연의 도를 따라갑니다. 인대나 힘줄을 자르는 일은 없습니다. 하물며 큰 뼈다귀에 부딪히는 일이 있겠습니까.

솜씨 좋은 요리사라도 칼날의 이가 빠지기 때문에 1년에 한 번은 칼을 바꿉니다. 평범한 요리사는 칼날이 부러지기 때문에 달마다 칼을 바꿉니다. 그러나 제 칼은 19년 동안 수천 마리 소를 요리했습니다만, 그 칼날은 지금 막 숫돌에 간 것 같습니다. 왜냐하면 소의 뼈마디에는 틈새가 있고 칼날에는 두께가 없어, 두께가 없는 것을 틈새에 집어넣기 때문에, 널찍하여 자유자재로 칼날을 움직여도 반드시 여유가 있어서 그렇습니다. 그래서 19년이 지났어도 칼날은 방금 숫돌에 간 것처럼 새것입니다.

그런데도 복잡한 곳에 맞닥뜨리면, 어디가 어려운지를 보고 신중하게 진행합니다. 차분하게 눈길을 모으고, 천천히 몸을 놀리며, 칼을 아주 미묘하게 휘두릅니다. 이리하여 돌연 살덩이가 철썩 하며 갈라져 흙덩이처럼 땅에 떨어집니다. 칼을 손에 쥔 채일어나서 둘레를 살피며 마음이 흐뭇해지면, 칼을 씻어 챙겨 넣습니다."

문혜군이 말했다. "훌륭하다. 나는 정의 이야기를 듣고 생生을 기르는 방법을 터득했다."

庖丁爲文惠君解牛, 手之所觸, 肩之所倚, 足之所履, 膝之所踦, 砉然嚮然, 奏刀騞然, 莫不中音. 合於桑林之舞, 乃中經首之會. 文惠君曰: "嘻, 善哉! 技蓋至此乎?" 庖丁釋刀對曰: "臣之所好者道也, 進乎技矣, 始臣之解牛之時, 所見無非全牛者. 三年之後, 未嘗見全牛也. 方今之時, 臣以神遇而不以目視, 官知止而神欲行. 依乎天理, 批大卻導大窾因其固然, 技經肯綮之未嘗, 而況大軱乎! 良庖歲更刀, 割也. 族庖月更刀, 折也. 今臣之刀十九年矣, 所解數千牛矣, 而刀刃若新發於硎. 彼節者有間, 而刀刃者無厚. 以無厚入有間, 恢恢乎其於遊刃必有餘地矣. 是以十九年而刀刃若新發於硎. 雖然, 每至於族, 吾見其難爲, 怵然爲戒, 視爲止, 行爲遲. 動刀甚微, 謋然已解, 如土委地. 提刀而立, 爲之四顧, 爲之躊躇滿志, 善刀而藏之." 文惠君曰: "善哉! 吾聞庖丁之言, 得養生焉." (『장자』 「양생주」)

요리사 정의 기술은 음악으로 표현된다. "칼을 휘두르자 서걱서걱 뼈가 갈라지는 좋은 소리가 나면서 소가 점점 해체解體되었다. 옛 춤곡인 '상림의 무'나 '경수의 회'에 어우러지는 듯했다." 참으로 그 기술은 오랄리테의 차원에까지 이르렀다고 할 수 있다. 아니, 칼을 다루는 손은 이미 '기技'의 단계에 머물러 있지 않다. 그것은 정신의 인도를 받아 자유자재롭다. 그것을 정은 '제가 좋아하는 것은 도'라고 말한다. '도'와 '언言'이 이 명인에게서 숨김없이 드러난 것이다.

정이 지닌 뛰어난 기술의 특징은 상호변용을 가져오는 〈운동〉에 있다. 즉, 정은 소에 갖추어진 '자연의 리理'를 체득함과 동시에, 손을 포함한 스스로의 신체 전체를 완전히 조절할 수 있어, 스스로 칼을 휘두르는 운동을 행하여 소의 신체가 해체되는 운동을 발생시킨다. 통상적인 지각이 지각할 수 없는 소의 세부에까지 미치기 때문에 칼날의 이가 빠질 일도 없다. 그만큼 섬세함을 갖고 있는 것이다.

다만 그러기 위해서는 숙달에 이르는 단계를 하나하나 밟으며 여러 해에 걸쳐 노력을 해야 한다. 그리고 그 결과 정은 가장 잘 '생을 기를' 수 있었다. 여기에서 말하는 '생명을 기른다(양생養生)'는 것은 단순히 도교적인 불로장생의 기술을 의미하는 게 아니라, 그 이상으로 '생'의 존재방식이 '도'를 듣고, '도'를 얻을 만큼 변용되었음을 가리킨다.

또 한 사람, 수영의 명수 이야기도 보기로 하자.

공자가 여량의 폭포를 보았다. 물은 서른 길 높이에서 떨어지고, 흩날리는 물보라는 40리에 뻗쳤다. 거북이나 악어, 물고기나 자라조차도 헤엄칠 수 없을 정도였다. 그런데 한 사내가 그 격류에서 헤엄치고 있는 것이 눈에 띄었다. 틀림없이 무슨 피로운 일이

있어 죽으려 하는구나 싶어, 제자에게 명하여 물에서 건져내게
했다. 그러나 수백 보 앞쪽에서 사내는 기슭에 올라와 머리카락
을 바람에 휘날리며 노래를 부르면서 둑 밑을 걷고 있었다.

공자는 사내 뒤를 쫓아가 물었다. "당신은 귀신인 줄 알았더니,
가까이서 잘 보니 사람이구려. 묻건대, 당신은 물속에서 나아가
는 비결이 있는가?"

대답했다. "아닙니다, 아무런 비결도 없습니다. 저는 본래 주어진
것에서 시작해서, 자기의 성性을 자라게 하고, 명命에서 이루었습
니다. 저는 떨어지는 물과 함께 잠수하고, 솟아오르는 물과 함께
나옵니다만, 물의 도에 따를 뿐으로, 제 사적인 판단을 하지는
않습니다. 그래서 물속에서 앞으로 나아갈 수 있는 것입니다."

공자가 물었다. "당신이 말하는 '저는 본래 주어진 것에서 시작
해서, 자기의 성性을 자라게 하고, 명命에서 이룬다'는 것은 무슨
뜻인가?"

대답했다. "저는 땅이 비탈지고 높은 곳에서 태어났습니다. 그곳
을 편안히 여기는 것이 본래 주어진 것입니다. 그 뒤 물을 가까
이하며 성장했습니다. 그것을 편안히 여기는 것이 성입니다. 왜
그리되었는지 모르는데, 그렇게 된 것이 제 명입니다."

孔子觀於呂梁, 縣水三十仞, 流沫四十里, 黿鼉魚鼈之所不能游也. 見
一丈夫游之, 以爲有苦而欲死也, 使弟子竝流而拯之. 數百步而出, 被
髮行歌而游於塘下. 孔子從而問焉, 曰: "吾以子爲鬼, 察子則人也. 請
問, 蹈水有道乎?" 曰: "亡, 吾無道. 吾始乎故, 長乎性, 成乎命. 與齊
俱入, 與汨偕出, 從水之道而不爲私焉. 此吾所以蹈之也." 孔子曰:

"何謂始乎故, 長乎性, 成乎命?" 曰: "吾生於陵而安於陵, 故也. 長於水而安於水, 性也. 不知吾所以然而然, 命也." (『장자』「달생」)

수영의 명인 또한 요리사 정과 같은 이야기를 하고 있다. 즉, '물의 도'를 파악하고 그것을 따름으로써 어떠한 격류에서도 마치 걸어가듯 앞으로 나아갈 수 있게 되었는데, 그것은 '본래 주어진 것에서 시작해서, 자기의 성性을 자라게 하고, 명命에서 이룬다'는 말에서 보이듯, 자기 본래의 존재방식을 변용시켜 '명'의 경지까지 도달한 새로운 '성'을 손에 넣었기 때문이다.

따라서 여기에도 역시 상호변용을 가져오는 〈운동〉이 있다. 운동(어떤 방식으로 헤엄치는)을 하는 것이 격류에 휩쓸리지 않고 자유자재로 물속에서 앞으로 나아가게 하는 운동을 발생시키는 것이다. 여기에서도 역시 통상적인 지각으로는 지각할 수 없는 물의 흐름을 지각하기 때문에, 격류에 부딪혀도 물에 빠지지 않는다.

이렇게 '도'를 얻는 것은 기술이나 비결의 차원에 머물지 않는다. 신체적인 배치가 노력을 통해 근본적으로 변용되는 사태이다. 그리고 최종적으로는 '명'의 차원과 맞닥뜨리는 것이다.

도를 얻는 일의 어려움

'도'를 얻는 일은 매우 어렵다. 『장자』에는 그 어려움을 말하는 장면이 자주 등장한다. 예를 들어, 남백자규와 여우의 문답을 보기로 하자.

남백자규가 여우에게 물었다. "당신은 나이가 많은데도 얼굴빛이 어린아이처럼 싱싱하니 어째서입니까?"

여우가 대답했다. "도를 들었기 때문입니다."

남백자규가 말했다. "도란 배울 수 있는 것입니까?"

여우가 대답했다. "어떻게 배울 수 있겠습니까. 당신은 그것에 어울리는 사람이 아닙니다. 저 복량의라는 이에게도 성인의 재능이 있었으나 성인의 도는 없었습니다. 나에게는 성인의 도가 있으나 성인의 재능은 없습니다. 그래서 복량의에게 성인의 도를 가르치고, 성인이 되기를 바랐습니다. 그렇게 되지 못한다 하더라도, 성인의 도를 성인의 재능이 있는 사람에게 가르치는 것은 쉽다고 생각한 것입니다.

그를 지켜보니, 사흘이 지나자 천하를 잊어버리게 되었습니다. 천하를 잊을 수 있는 단계에서 다시 그를 지켜보았더니, 7일이 지나자 사물을 잊어버리게 되었습니다. 이미 사물을 잊을 수 있는 단계에서 다시 그를 지켜보았더니, 9일이 지나자 생을 잊어버리게 되었습니다. 생을 잊을 수 있는 단계에 이어서 '조철朝徹(새벽녘처럼 맑아지다)' '견독見獨(하나임을 보다)' '고금古今도 없는' 단계가 찾아왔습니다. 고금도 없는 단계 뒤에 불사불생不死不生에 들어갔습니다.

생을 죽이는 것 자체는 불사이고, 생을 살리는 것 자체는 불생

입니다. 그것은 모든 것을 전송하기도 하도 맞이하기도 하고, 파피하기도 하고 만들어버기도 합니다. 그 이름을 '영녕攖寧(포용)'이라 합니다. 그것은 영攖한(서로 관계를 맺은) 뒤에 이루어지는 것입니다."

南伯子葵問乎如偶曰: "子之年長矣, 而色若幼子, 何也?" 曰: "吾聞道矣." 南伯子葵曰: "道可得學邪?" 曰: "惡! 惡可! 子非其人也. 夫卜梁倚有聖人之才而無聖人之道, 我有聖人之道而無聖人之才, 吾欲以敎之, 庶幾其果爲聖人乎! 不然, 以聖人之道告聖人之才, 亦易矣. 吾猶告而守之, 三日而候能外天下. 已外天下矣, 吾又守之, 七日而後能外物. 已外物矣, 吾又守之, 九日而後能外生. 已外生矣, 而後能朝徹. 朝徹, 而後能見獨. 見獨, 而後能無古今. 無古今, 而後能入於不死不生. 殺生者不死, 生生者不生. 其爲物, 無不將也, 無不迎也. 無不毀也, 無不成也. 其名爲攖寧. 攖寧也者, 攖而後成者也." (『장자』「대종사」)

남백자규의 차원에서는 '도'를 배울 수 없다. 배울 수 있는 이는 '성인의 재능'이 있는 사람뿐이다. 그러나 가령 '성인의 재능'이 있는 사람이라 하더라도 '성인의 도'를 단숨에 가르칠 수는 없고, 날이 감에 따라 신중하게 단계를 밟아야 한다. 흥미로운 것은, 도를 듣고 도를 얻은 최종단계를 '영녕攖寧'이라 표현한 점이다. 이것은 '불사불로'하는 '도'가 사물과 관계를 맺은 상태이다. 즉, 궁극의 상태는 자기 신체의 운동을 자유자재로 지배하고, 그럼으로써 '도'와 관계를 맺어 다른 사물을 포용하는(얼싸안는) 〈운동〉인 것이다.

도는 똥오줌에 있다

그렇다고 해도 '도'는 반드시 성인이나 진인만 가닿을 수 있는 먼 곳에 있는 것은 아니다. 도리어『장자』에는 '도'가 주변에 있음을 강조하는 부분도 자주 눈에 띈다. 그것은 마치 '도'에 두 종류가 있는 것처럼 보인다. 즉, 사람의 손이 쉽게 닿을 수 없는 먼 곳에 있는 '초월로서의 도'와, 사람에게 가까이 있고 사물 안에 '내재하는 도'이다. 이 두 가지 '도'의 관계를 살펴보기 위해, 여기서는 사람에게 가까이 있고 사물 안에 내재하는 '도'의 양상을 확인하고자 한다. 그것을 표현한 문장 중에서 가장 마음이 끌리는 것이 이것이다.

동곽자가 장자에게 물었다. "이른바 도는 어디에 있는가?"
장자가 대답했다. "없는 곳이 없지."
동곽자가 말했다. "좀 더 한정시켜주면 좋겠는데."
장자가 말했다. "땅강아지나 개미에도 있지."
—"참으로 하등한 것에 있군 그래."
—"돌피나 피에도 있어."
—"아니, 더 하등한 것이잖나."
—"기와에도 있고."
—"뭔가, 점점 더 심해지는군."
—"똥오줌에도 있지."
동곽자는 대답하지 않았다.

東郭子問於莊子曰:"所謂道, 惡乎在?" 莊子曰:"無所不在." 東郭子
曰:"期而後可." 莊子曰:"在螻蟻." 曰:"何其下邪?" 曰:"在稊稗."
曰:"何其愈下邪?" 曰:"在瓦甓." 曰:"何其愈甚邪?" 曰:"在屎溺." 東
郭子不應. (『장자』「지북유」)

'도는 똥오줌에 있다.' 그렇게나 멀리 있어 손에 넣을 수 없었
던 '도'가 거꾸로 가장 비근卑近한 똥오줌에 있다고 말하는 것이
다. 이 부분을 근거로 많은 논자들이 온갖 사물에 도가 편재함을
노래했다. 예를 들어, 후쿠나가 미쓰지는 다음과 같이 말했다.

동곽자에게는 도, 즉 참된 실재의 세계가 이 눈앞에 펼쳐지는
세계를 떠난 것이 아니라는 사실, 눈앞에 펼쳐진 세계에서 파랗
게 싹트는 버들, 붉게 벌어지는 꽃봉오리, 길섶의 돌, 들판의 잡
초 속에 바로 그것이 있다는 사실을 이해하지 못하고 있는 것이
다. 혹은 또 인생의 진실이 심원한 철학이론이나 난해한 경전의
자구보다 오히려 인간의 일상생활, 똥을 누고 오줌을 누는, 바로
행주좌와行住坐臥의 생활 속에 있다는 사실을 이해하지 못하고
있는 것이다.
도는 동곽자가 생각하듯, 현실세계를 떠난 구름 저 너머에 있는
것이 아니라, 이 현실세계의 도처에 있는 것이다.

과라果蓏(나무 열매, 풀 열매)에도 리理(길)가 있다.
果蓏有理. (『장자』「지북유」)

도는 사물을 사물로서 존재하게 하는 근원적인 이법理法으로, 사물과는 존재의 차원을 달리한다. 그리고 그런 의미에서는, 도는 사물을 뛰어넘어 존재하는 것, 초월적인 무엇이다. 하지만 그것은 단순히 초월적인 무엇이 아니라, 사물과 함께 존재하고, 사물에 버재해 있는 것이다. 아니, 사물이 사물로서 존재하는 것 자체가 도이다. 사물을 떠나서 도는 없고, 도를 떠나서 사물은 없다. '도는 없는 곳이 없'는 것이다. (후쿠나가 미쓰지,『장자 : 고대중국의 실존주의』, 136쪽)

'사물을 떠나서 도는 없고, 도를 떠나서 사물은 없'는 이상, '도'는 '똥오줌'을 포함한 모든 '사물' 속에 있고, 모든 '사물'은 '도'를 얻고 있다. 후쿠나가는 이것을 '도'는 '초월적인 무엇'인 동시에 '사물에 내재해 있'다고 기술했다. 이 표현은 결코 모순된 것이 아니다. 그것은 말하자면 초월론적인 원리로서 '도'를 이해한 것이다. 초원론적인 원리란, '도'가 '사물'에 대해 그 존재(나아가서는 그 의미) 가능성의 조건으로서 존재한다는 말이다. '도'가 초월론적인 것이라면, 그것은 '사물'에 대해 '내재하며 또한 초월해 있다'고 말할 수 있는 것이다.

그렇다고 해도 '도'가 '이 현실세계의 도처에 있다'고 하기 위해 '똥오줌'까지 들고 나올 필요가 있었을까? 이에 대해 후쿠나가는, 그것이 장자라는 '위대한 유머리스트'의 진면목이라 말했다.

그는 당대의 성현도 마음대로 가지고 놀았고, 고금의 역사도 희화화했으며, 우주의 진리도 똥오줌으로 만들었다(『장자』「지북유」편에 '도는 똥오줌에 있다'—진리는 똥오줌 속에 있다는 말이 있다). 그는 그렇게 조롱하고 희화화하고 똥오줌으로 만드는 가운데, 인생과 우주 일체를 한바탕 떠들썩한 웃음거리로 만든 것이다. 장자는 통쾌한 해학의 철학자이며, 하늘이 버린 '위대한 유머리스트'이다. (후쿠나가 미쓰지, 『장자』 버편, 5쪽)

'도'를 '똥오줌'이라는 비근한 것으로 만드는 것은 해학이고 유머이다. 후쿠나가의 이러한 독해는 말하자면 '기쁨의 학學'으로서 『장자』를 읽는 것으로, 독자를 강하게 잡아끈다. 그렇지만 그로 인해 도리어 보기 어려워지는 문제도 있다. '도는 똥오줌에 있다'에 이어지는 부분을 읽어보자.

당신의 질문은 과녁을 잘못 잡았어. 이런 이야기가 있어. 시장 관리자가 시장 감독인에게 '돼지를 밟아서 살진 정도를 조사하는 방법'을 물었을 때, 돼지의 몸 아래쪽으로 가면 갈수록 정확한 결과를 안다고 대답했다네. 도도 그와 마찬가지로 한정되어 있지 않아. **어떠한 사물도 도에서 도망칠 수는 없지.** '지도至道'는 이와 같고, '대언大言'도 마찬가지야. 도가 보편적으로 존재함을 보이는 말에 '주周' '편徧' '함咸' 세 가지가 있는데, 그것들은 이름을 달리하고 있어도 실은 같은 것으로, 그 지시하는 버용은 동일하다네.

莊子曰: "夫子之問也, 固不及質. 正獲之問於監市履狶也, 每下愈況. 汝唯莫必, 無乎逃物. 至道若是, 大言亦然. 周遍咸三者, 異名同實, 其指一也." (『장자』「지북유」)

여기에서 장자는 시장에서 매매되는 돼지의 가치와 '도'를 대비하고 있다. 돼지의 가치를 가장 잘 아는 것은 돼지의 몸 아래쪽을 확인했을 때이다. 그와 마찬가지로, '도'가 가장 잘 드러나는 것은 '똥오줌' 같은 비근한 것에서이다. 그렇다면 여기에서 장자는 해학을 농하고 있다기보다는 '똥오줌'을 들고 나와 상품의 가치와 마찬가지로 '초월론적 원리로서의 도'가 모든 사물에 갖추어져 있고, 그 사물을 그 사물답게 만드는 의미라는 사실을 밝히고 있는 것이 아닐까. 즉, '똥오줌에 도가 있다'는 표현은 유머와는 반대로 '도'가 의미를 구성하는 기제가 똥오줌에까지 작동하고 있다는 투철한 인식을 보여주는 것이 아닐까.

그러나 돌이켜 생각해보면, 본래부터 초월로서의 도를 통해 장자가 생각하려 했던 것은, 이 세계에서의 의미구성 기제를 벗어난 경지였다. 장자는 의미가 보편적으로('주周' '편遍' '함咸') 관철된 세계를 좋게 여긴 것은 아니다. '도'가 '사물'에 고유한 의미를 부여하여 이 세계를 안정시키는 것과는 반대로, '도'가 '사물'을 움직이고 변용시키고, 그것을 통해 서로의 관계를 다른 것으로 만들어, 이 세계의 면목이 일신되는 것을 지향했을 터이다.

따라서 물어야 할 것은 어떻게 하면 초월론적 원리로서의 '도'에서 도망칠 수 있는가 하는 점이다. 하지만 그것은 결코 쉬운 일이 아니다. 여기서 다시 언어의 문제로 돌아가자.

똥오줌에까지 도가 있다
— 영화 〈아이들의 왕〉에서

초월론적인 원리로서의 '도'가 의미를 구성하는 기제에서 도망칠 기회를 찾아내기 위해 현대로 눈을 돌려, 중국영화를 대표하는 감독 첸카이거陳凱歌가 세 번째로 찍은 〈아이들의 왕孩子王〉(1987년)을 가지고 『장자』의 문제 계열을 생각해보려 한다. 특히 이 작품에 등장하는, 말을 하지 않는 소 치는 소년에 주목하고 싶다.

이 작품은 아청阿城의 원작에 바탕을 둔 것으로, 문화혁명 시기에 하방下放된 한 청년(별명은 라오간老稈)이 변경의 중학교 국어 교사가 되어 학생들과 갈등을 빚다 자발성을 중시하는 교육으로 방향을 바꾸고, 그것이 상부의 미움을 사는 바람에 교직에서 쫓겨난다는 이야기이다.

아청의 원작에는 똥오줌에 관련된 기술이 자주 등장한다. 예를 들어, 다음과 같은 부분이다.

운동장에서는 오늘도 돼지랑 닭이 어슬렁거리고 있었다. 마구 똥을 싸지르고, 서로의 똥 속에서 먹을거리를 찾아다녔다. '사람이라 다행이군. 축생으로 태어났으면, 이런 식으로 사람들이 볼 거 아냐. 얼마나 꼴사나운 일일까?'라고 생각했다. (아청, 『아청 :

또한 첸카이거의 영상에는 명시되어 있지 않지만, 아청의 원작에는 왕푸王福(라오간이 가르치는 학생)의 아버지 왕치퉁王七桶이 '왕시스王稀屎(무른 똥)'라는 별명으로 놀림을 당하는 묘사가 나온다. 왕치퉁은 '말을 하지 못하는 사람'이었던 것이다. 아청은 말을 하지 못하는 사람이 인간 이하의 똥오줌 같은 존재로 주변화되는 구조를 그렸다. 더구나 왕치퉁은 소수민족 출신이다. 그래서 그의 아들 왕푸는 아버지 대신에 말하는 것, 언어를 획득하는 것에 과도하다 싶을 만큼 강박(책임감, 의무감)을 느낀 것이다.

첸카이거는 그것을 원작에는 없는 신scene으로 표현했다. 자전字典에 집착하며 그것을 한 자 한 자 베끼고 있는 왕푸에게 라이디來娣(라오간의 친구이자 자전 주인)가 "이 자전을 다 베끼면 어떻게 할 건데?"라고 물었다. 첸카이거는 왕푸가 이렇게 대답하게 했다. "앞으로 더 큰 자전이 있으면, 나는 그것도 베낄 거야." 그리고 영화의 마지막 장면에서 라오간은 이런 메시지를 남긴다. "왕푸야, 이제 아무것도 베끼지 마, 자전도 베끼지 마."

생각해봐야 할 것은 똥오줌 같은 존재자야말로 언어를 더욱 과도하게 욕망한다는 점이다. 자전을 손에 넣으려고, 왕치퉁은 아들을 위해 엄청난 노력을 기울였다(학교를 수리하기 위해 전날 두 사람은 어마어마하게 많은 대나무를 벤다). 첸카이거의 시선은 문자를 중심으로 하는 문화 주변에 놓인 똥오줌 같은 존재자야말로 문자문화를 가장 잘 관철한다는 절망적인 구조를 파헤치고 있다.

그렇기에 첸카이거는 똥오줌의 위치를 영화 속에서 뒤집어놓아야 했다. 그것은 레이 초우Rey Chow(周蕾)가 라오간이 칠판에 틀리게 쓴 '茉' 자를 해설하면서 "문자문화란 똥오줌이다"(레이 초우, 『프리미티브를 향한 정열: 중국·여성·영화』, 194쪽)라고 폭로하는 것 이상의 무엇이었다. 즉, 첸카이거는 '똥오줌도 또한 문자문화이다'라는 지점까지 나아갔던 것이다. 여기에서 등장하는 것이 아청의 원작에는 없는 또 한 명의 '말을 하지 못하는 사람', 소 치는 소년이다.

이 소년은 왕푸의 아버지와 마찬가지로 말을 하지 못한다. 그러나 스스로를 대리하는 아들에게 과도하다고 느껴질 만큼 문자문화에 동화되라고 재촉하는 왕치통과 같은 집착이 없다. 라오간이 이 소년에게 "글자를 가르쳐줄까?" 하고 묻자, 소년은 대답도 없이 소를 모는 듯이 날카로운 소리를 내며 떠나갔다.

그렇지만 레이 초우가 그러했고, 또한 후쿠나가로 대표되는 근대의 『장자』 독해가 바랐듯이, 이 소년은 자연(문화의 외부)에 속해 있는 것은 아니다. 그와 같이 순수한 자연 따위는 어디에도 없기 때문이다. 그것을 여실히 보여주는 것이 똥오줌이다. 소를 치는 소년이 빈 교실의 칠판에 소똥이나 마른 잎으로 뭔가를 그리는 장면이 있다. 똥오줌도 역시 문자문화인 것이다. '도는 똥오줌에 있다'는 말을 빗대어 말한다면, '똥오줌에까지 도가 있'는 것이다. 온갖 차원에서 문화('도', 언어)가 침투해 있다. 국어교사 라오간이 대표하는 문자문화 바깥에 있는 것 역시 또 하나의 문화일 따름이다(소년이 소를 치는 기술을 갖고 있고 화전을 일구는 문화에 속해 있음은 말할 것도 없다).

영화의 마지막 장면에서 소년은 불에 탄 나무 사이에서 오줌을 누며 라오간을 물끄러미 바라본다. 이 소년의 눈빛과 불에 탄 나무가 마치 사람이나 동물처럼 보여서 라오간은 움찔한다. 그것은 자연 또한 문화일 따름이며, 문화의 외부로 향하는 출구가 없음을 여실히 보여주기 때문이다.

첸카이거의 영화는 '똥오줌에까지 도가 있다'는 것, 즉 초월론적 원리로서의 '도'가 언어와 의미를 끊임없이 분비하리라는 것과, 그것에 대한 절망을 잘 보여준다. 그렇다면 도대체 어떻게 하면 '똥오줌에까지 도가 있는' 상태에서 도망칠 수 있을까? 즉, '자연'이라는 외부를 들고 나오지 않고, 초월론적 원리로서의 '도'가 수행하는 의미구성의 기제에서 어떻게 도망쳐서 저 명인들의 자유자재로움에 도달할 수 있을까? 그러기 위해서는 '도'를 초월론적 원리로 삼는 형이상학 속에서 『장자』와 함께 어떤 구멍을 찾지 않으면 안 된다.

제3장 물화物化와 제동齊同
― 세계 자체의 변용

만물을 만물답게 하는 초월론적 원리로서의 '도'는 이 세계에 편재하고, 그것에서 도망칠 수 있는 존재는 없는 것처럼 보인다. 그런데 『장자』에는 사물이 그 사물이게 하는 본질의 관점에서 세계를 보는 방법과는 달리, 사물이 다른 사물이 되는 '생성변화'의 관점에서 세계를 보는 방법이 있다. 도대체 사물이 다른 사물이 된다는 것은 무엇인가? '똥오줌'이 줄곧 '똥오줌'인 채로 있는 것이 아니라 다른 사물이 된다면, 그것은 초월론적 원리로서의 '도'가 의미를 구성하는 기제를 흔들게 될 터이다.

　『장자』의 세계에서는 어떤 사물이 다른 사물로 생성변화하는 것을 '물화物化'라고 부른다. '물화' 가운데 가장 널리 알려진 예는 '나비의 꿈'일 것이다. 제I부 2장에서 육조 시기의 신멸불멸神滅不滅 논쟁을 다룰 때, 당시 그것이 꿈의 범례로서 거론되었다는 것은 이미 언급했다. 여기서는 중점을 꿈이 아니라 '물화'에 두면서 독해하려 한다.

언젠가 장주가 꿈에 나비가 되었다. 펄펄 나는 나비였다. 스스로 즐겁고 유쾌했다. 장주인 줄은 몰랐다. 퍼뜩 깨어보니 장주였다. 장주가 꿈을 꾸어 나비가 된 것인지, 나비가 꿈을 꾸어 장주가 된 것인지를 알지 못했다. 장주와 나비는 반드시 구별이 있을 것이다. 그러므로 이것을 물화라고 한다.

昔者莊周夢爲胡蝶, 栩栩然胡蝶也, 自喩適志與! 不知周也. 俄然覺, 則蘧蘧然周也. 不知周之夢爲胡蝶, 胡蝶之夢爲周與? 周與胡蝶, 則必有分矣. 此之謂物化. (『장자』「제물론」)

장주가 나비가 되고 나비가 장주가 되는 변화는 유가적인 '교화敎化' 개념으로 환원되지 않는다. 왜냐하면 '교화'는 소인이 군자나 성인이 되는 계몽 프로그램이고, 어디까지나 방향이 정해진 변화에 불과하기 때문이다. 그에 비해 '물화'는 그러한 정치적·윤리적·경제적 체제와 이익을 향해 질서지어지지 않는 변화이다.

장주와 나비는 반드시 구별이 있을 것이다

다만 여기서 꼭 강조해둬야 할 것은 '물화'는 자타의 구별을 경시하지 않는다는 점이다. 만약 '물화'를 통해 자타의 구별이 없고 자타가 융합된 만물일체의 세계를 지향하는 것이라면, '물화'라는 변화는 본래부터 쓸데가 없고, 무엇보다 나비의 꿈 원문에 '장주와 나비는 반드시 구별이 있을 것이다'라고 기술할 필요도 없다. 그런데 모든 차이와 구별은 상대적이라 보고, 그러한 차이나 구별을 뛰어넘은 초월적인 입장에서 '물화'를 독해하는 해석이 끊임없이 나오고 있다. 『장자』의 중심사상을 '제동'에서 보고, 그 '제동'을 초월적인 입장에서 보면 모든 차이나 구별은 상대적이고, 만물은 동일하다고 여겨지기 때문이다.

예를 들어, 모리 미키사부로는 '장주와 나비는 반드시 구별이 있을 것이다'라는 부분에 대해, "그렇지만 장주와 나비는 확실히 구별이 있을 것이다. **그럼에도 불구하고 구별되지 않는 것은 어째서일까**"(모리, 『장자』, 오가와 다마키小川環樹 책임편집, 『노자·장자』, 202쪽)라고 강조 부분을 의도적으로 덧붙여 번역한 뒤, 이렇게 말했다.

'사물의 변화'라는 것은 하나의 사물이 다른 사물로 변하는 것이고, 거기에는 일방과 타방의 차별이 있다. 그러나 그것은 상식적인 입장이고, 모든 것은 평등하다고 보는 입장에서 보면 자기와 타자의 구별이 없기 때문에, 나비는 그대로 장주이다. 따라서 어떠한 변화가 찾아오더라도 자기를 잃는 일은 없다. 살아 있는 자기가 있는 동시에, 죽어 있는 자기가 있다. 인생만을 현실이라 보는 것은 차별에 선 입장이고, 인생 또한 꿈이라 보는 것이 무차별의 입장이다. 왜냐하면 만물제동萬物齊同의 이치에서 보면 꿈과 현실의 구별이 없기 때문이다. (같은 책, 202쪽)

모리는 '모든 것이 평등하다고 보는 입장에서 보면, 자기와 타자의 구별이 없다'는 언급에서 보이듯, '만물제동의 이치'를 '물화'에 적용하여 장주와 나비의 무차별을 강조하고 있다.

후쿠나가 미쓰지의 해석도 살펴보자.

모든 존재가 상식적인 분별의 굴레를 깨부수고 자유자재로 변화하는 세계, 이른바 물화의 세계야말로 실재의 참 모습이다. 인간은 오직 '물화'—만물의 한없는 유전流轉—속에서, 주어진 현재를 주어진 현재로서 즐겁게 소요하면 된다. 깨어나면 장주로 살고, 꿈을 꾸면 나비로 훨훨 날며, 말이 되면 소리 높이 울고, 물고기가 되면 깊이 잠수하며, 죽으면 조용히 무덤에 누우면 좋지 않은가. 모든 경우(처지)를 자기에게 주어진 것으로서 늠름하게 긍정하는 지점에서 참으로 자유로운 인간의 생활이 시작된다. 절대자란 다름 아닌 이러한 일체 긍정을 자기 생활로 삼는 인간이다.

여기에서 우리들은 장자에 나타난 꿈과 현실의 뒤섞임, 현실이 꿈으로 혼돈화되는 것에 주목해야 할 것이다. 장자의 차원에서는 꿈이든 현실이든 그것을 '유분有分(구별이 있다)'이라 보는 것은 인간의 분별이고, 실재 세계에서는 이른바 꿈이든 현실이든 도—실재성—의 지속에 불과하다. 자기와 나비는 확실히 같은 사물이 아니지만, 그렇다고 하나를 꿈이라 여기고 또 하나는 현실이라 여길 필요는 어디에도 없는 것이다. 나비가 되면 나비가 된 자기를 즐기고, 장주라면 장주인 자기를 즐길 뿐으로, 나비가 장주가 되었는지 장주가 나비가 되었는지 그런 따위는 아무래도 좋은 문제이다. 그런데 세속의 인간은 꿈을 현실과 구별하고, 인간을 나비와 구별한다. 그들에게는 나비의 자유를 춤추며 즐기는, 장자가 생을 즐기는 그것이 문제가 아니다. 그들은 그가 그때 나비였는지 장주였는지, 꿈이었는지 현실이었는지 따위를 짐짓 점잔을 빼며 이리저리 검색하고 고증하느라 바쁘다. 그들이 짐짓 점잔을 빼며 이리저리 검색하고 고증하는 사이에 인생의 진실은 손가락 사이로 새나가는 물처럼 주르륵주르륵 떨어져나가는 것을 알아차리지 못한다. (후쿠나가, 『장자』 버편, 136-137쪽)

역시 후쿠나가도 원문에 있는 '유분'을 '인간의 분별'에 불과한 '아무래도 좋은 문제'라 치부한다. '물화'는 '모든 존재가 상식적인 분별의 굴레를 깨부수고 자유자재로 변화하는 세계'이고, '만물의 한없는 유전'이니, 각자가 처한 경우를 '늠름하게 긍정하면' 된다. 여기에도 또한 '만물제동'을 『장자』의 중심사상이라 보는 생각이 강하게 드러나 있다. 후쿠나가는 말한다. "장자 철학을 문제로 삼는 한, 만물제동의 사고야말로 장자 전편의 서술의 본질성과 비본질성을 계량하는 가장 중요한 척도가 될 것이다"(후쿠나가, 『장자: 고대중국의 실존주의』, 201쪽).

'물화', 세계 자체의 변용

그렇지만 만물제동이 장자의 강력한 사상적 주장이라는 것을 인정한다고 해도, 아니 인정하기 때문에 더욱, '물화'에서 나비와 장주의 구별을 경시하는 해석은 유지될 수 없을 것이다. 여기서 옛 주석을 참조하기로 하자. 곽상은 이렇게 말하고 있다.

대저 각몽覺夢의 구분은 사생死生의 구분과 다르지 않다. 지금 **스스로 즐겁고 유쾌한 것은 그 구분이 정해져 있기 때문이지 구분이 없기 때문이 아니다.** 대저 시간이란 한시도 멈추거나 하지 않아. 지금이라는 것은 끝내 존재하지 않는다. 그러므로 어제 본 꿈은 지금에 와서는 다른 것으로 변화했을 것이다. 사생의 변화도 이것과 다르지 않고, 마음을 수고롭게 하는 것은 그 사이에서이다. **참으로 이것인 때에는 저것을 알지 못한다.** 꿈에서 나비가 된 것(을 깨어났을 때에 알지 못하는 것)이 그것이다. 이것을 사람에게 적용하면, 일생 동안 지금은 나중 일을 알지 못한다. 여희가 그 예이다(진晋 헌공獻公이 애ঠ 나라 여희를 억지로 데려갔을 때, 여희는 처음에는 눈물을 줄줄 흘렸지만, 왕궁에 도착하여 왕과 같은 이불을 덮고 맛난 고기를 먹게 되자, 자기가 울었던 일을 후회했다는 고사). 어리석은 이는 아는 척을 하며, 스스로 생은 즐겁고 죽음은 괴롭다는 걸 알고 있다고 여기겠지만, 그는 아직 물화의 의미를 알지 못한 것이다.

夫覺夢之分, 無異於死生之辯也. 今所以自喩適志, 由其分定, 非由無

分也. 夫時不暫停, 而今不遂存, 故昨日之夢, 於今化矣. 死生之變, 豈
異於此, 而勞心於其間哉! 方爲此則不知彼, 夢爲胡蝶是也. 取之於人,
則一生之中, 今不知後, 麗姬是也. 而愚者竊竊然自以爲知生之可樂,
死之可苦, 未聞物化之謂也. (곽상, 『장자』 「제물론」 주)

나비와 장주 사이에 '구분이 없기 때문이 아니다'. 그 반대로
'그 구분이 정해져 있기 때문'에, 그 구별된 세계에서 나비로 혹
은 장주로 '스스로 즐겁고' '유쾌할' 수 있다. 이 독해는 이제까
지 보아온, 구분을 경시하는 독해의 대척점에 있다.

곽상은 하나의 구별된 세계에서 다른 세계를 파악할 수는 없다
고 주장한다. '참으로 이것일 때에는 저것을 알지 못하기' 때문
이다. 이 원칙은 장주와 나비, 꿈과 깸, 그리고 죽음과 삶에서도
관철된다. 이 주장은 하나의 세계에 두 가지(혹은 여러 가지) 입장
이 있고, 그것들이 서로 교환되는 모습을 높은 곳에서 바라보며
무차별하다고 말하는 것이 아니다. 그것이 아니라, 여기에서 구
상하고 있는 것은 한편으로는 장주가 장주로서, 나비가 나비로
서 각각 구별된 세계와 그 현재에서 **절대적으로** 자기충족적인 존
재이고 다른 입장에 무관심하면서, 또 한편으로는 그 성性이 변
화하여 다른 것이 되어 **그 세계 자체가 변용되는** 사태이다. 여기에서
'물화'는 하나의 세계 안에서 벌어지는 사물의 변화에 그치지 않
고, 이 세계 자체 또한 변화되기도 한다.

그것을 염두에 두면, 나비의 꿈은 장주가 나비라는 다른 사물
로 변화된 것 이상으로, 그것까지 예상하지는 못했던, 내가 나비

로 존재하는 세계가 출현하고, 그 새로운 세계를 온전히 향수한
다는 의미를 지닌다. 그것은 뭔가 '참된 실재'인 '도'의 높이로
올라가, 만물의 구별을 경시한다는 의미에서의 변화('물화'라 부
르는)를 즐긴다는 말이 아니다.

따라서 후쿠나가가 말한 '모든 경우(처지)를 자기에게 주어진
것으로서 늠름하게 긍정하는 지점에서 참으로 자유로운 인간의
생활이 시작된다. 절대자란 다름 아닌 이러한 일체 긍정을 자기
생활로 삼는 인간'이라는 명제는 다소 변경된 형태로 이해해야
한다. 즉, 인간의 자유란 주어진 처지를 그저 한결같이 '늠름하
게 긍정하는' 것이 아니며, 지금 현재의 존재방식(어떤 하나의 구
별된 존재방식)을 절대적으로 긍정함으로써, 그 존재방식에서 자
유로워지고 새로운 존재양식(이것 역시 구별된 하나의 존재방식일
따름이다)과 새로운 세계의 존재방식에 도달하게 된다.

이렇게 '물화'에 대한 해석을 변경할 수 있다면, 만물제동은
어떻게 다시 해석할 수 있을까? 이제부터 그것을 살펴보자.

장자의 '제동'

곽상은 『장자』「지락」편 주석에서 다음과 같이 말하고 있다.

구설에서는 장자는 죽음을 즐거워하고 생을 미워한다고 했는데,
그 설은 틀렸다. 만약 그렇다면 어떻게 (만물을) 가지런히 했다

고 하겠는가? 가지런히 한다는 것은 살아 있을 때는 삶을 편안히 여기고, 죽을 때는 죽음을 편안히 여기는 것이다. 생사의 존재방식이 이미 같은 것이라면, 살아갈 때 죽음을 근심하는 짓 따위는 하지 않는다. 이것이 장자의 본지이다.

舊說云莊子樂死惡生, 斯說謬矣! 若然, 何謂齊乎? 所謂齊者, 生時安生, 死時安死, 生死之情旣齊, 則無爲當生而憂死耳. 此莊子之旨也.
(곽상, 『장자』 「지락」 주)

이 주석이 붙은 『장자』 본문도 보기로 하자. 그것은 이미 노신을 논할 때 언급했던 촉루髑髏(해골)와 주고받은 문답으로, 장자가 초나라로 가던 길에 발견한 촉루를 베개 삼아 잠들었을 때의 이야기이다.

밤중에 해골이 꿈에 나타나 말했다. "자네 말투는 변사 같더군. 그러나 자네가 말한 것을 보니, 모두 산 사람의 피로움이던데, 죽으면 그런 것은 없다네. 자네는 죽음의 이야기를 들어보고 싶지 않은가?"

장자가 말했다. "말해보게나."

해골이 말했다. "죽음의 세상에는, 위로는 임금이 없고 아래로는 신하가 없다네. 사계절의 변화도 없고, 하늘과 땅을 목숨으로 삼지. 남면南面하여 지배하며 왕 노릇 하는 이의 즐거움도 이만은 못할 걸세."

장자는 믿지 않았다. "그렇다면 사명司命의 신(생명을 주관하는 신)에게 부탁하여 자네의 육체를 되살려내, 자네 뼈와 살과 살갗을 원래대로 되돌리고, 부모와 처자, 고향 친구들에게 돌려보낸다면 자네는 그리 하고 싶은가?"

해골은 눈살을 찌푸리며 말했다. "남면하여 왕 노릇 하는 이보다 나은 즐거움을 버리고, 인간 세상의 피로움을 다시 겪으라니, 끔찍한 소리 말게."

髑髏見夢曰: "子之談者似辯士. 視子所言, 皆生人之累也, 死則無此矣. 子欲聞死之說乎?" 莊子曰: "然." 髑髏曰: "死, 無君於上, 無臣於下. 亦無四時之事, 從然以天地爲春秋, 雖南面王樂, 不能過也." 莊子不信, 曰: "吾使司命復生子形, 爲子骨肉肌膚, 反子父母妻子閭里知識, 子欲之乎?" 髑髏深矉蹙頞曰: "吾安能棄南面王樂而復爲人間之勞乎!" (『장자』 「지락」)

해골과 주고받은 이 문답은 예로부터 삶보다 죽음을 찬미하는 것으로 받아들여졌다. 그래서 곽상은 앞에서 본 주석에서 '장자는 죽음을 즐거워하고 생을 미워한다 했는데, 그 설은 틀렸다'고 말한 것이다.

그때 곽상이 이유로 든 것이 '제동'이다. 하지만 그것은 단순히 생과 사가 '같다'고 말한 것이 아니다. '가지런히 한다는 것은 살아 있을 때는 삶을 편안히 여기고, 죽을 때는 죽음을 편안히 여기는 것'이라는 말에 보이듯, 생과 사 각각의 존재방식('정情')이 '같다'고 말한 것이다. 즉, 삶은 죽음과 전혀 별개의 방식으로 이루어져 있지만 각각 하나의 세계를 구성한다는 점에서는 같은 것이기 때문에, 살아 있을 때는 삶에 투철하고 죽을 때는 죽음에 투철하면 된다는 말이다. 그리고 삶에 투철하다 보면 그 속에서 '물화'가 발생하고, 결과적으로 다른 세계에 통하게 된다는 것이다.

혜자의 '제동'론과 다른 점

이제까지의 내용을 염두에 두고, '제동'의 본거지인 「제물론」 편을 다시 읽어보기로 하자. 간과하지 말아야 할 것은 장자가 말하는 '제동'이 혜자惠子의 '제동'론과 다르다는 점이다. 장자의 라이벌이었던 혜자는 논리적인 사변을 중시한, 명가名家로 분류되는 사상가이다.

사람에게 갖추어진 마음에 의거하지 않고 시비를 판단한다면, (혜자가 주장하는) '오늘 월나라에 가서 어제 도착했다'는 것처럼 이상한 말이 된다. 그것은 있을 수 없는 일을 있다고 여기는 것이어서, 우임금처럼 신묘한 사람이라도 도저히 이해할 수 없을 터인데, 하물며 내가 어찌하겠는가.
未成乎心而有是非, 是今日適越而昔至也. 是以無有爲有. 無有爲有, 雖有神禹, 且不能知, 吾獨且柰何哉! (『장자』 「제물론」)

그러면 혜자의 '제동'론이란 무엇인가? 이 인용문에서 보이듯, 그것은 '오늘 월나라에 가서 어제 도착했다' 같은, 시간적인 구별을 무시한 명제이다.

혜자의 '제동'론은 『장자』 말미에 나온다. 연구자들이 「혜자편 惠子篇」으로 독립해 있던 것이 덧붙여진 게 아닐까 하고 생각했을 만큼, 『장자』의 마지막 편 「천하」의 논술 중에서도 이채를 발한다. 장자와 혜자의 관계를 고려하면, 장자가 혜자의 사상에서 큰 영향을 받은 것은 분명한데, 그중에서도 '제동' 사상은 결정적으로 중요한 것이다.

혜자의 논의는 다음과 같다.

혜시의 학문은 다방면에 걸쳐 있고, 그의 장서는 다섯 수레나 되었다. 그 도는 잡박하고, 그 말은 과녁에 맞지 않았다.
예를 들면, 사물의 의미에 대해 분석하여 다음과 같이 열거했다.

— 지극히 큰 것은 밖이 없어 대일大一이라 한다. 지극히 작은 것은 안이 없어 소일小一이라 한다.
— 두께가 없는 것은 겹쳐 쌓을 수 없지만, 그 크기는 천 리에 이른다.
— 하늘은 땅과 함께 낮고, 산은 못과 함께 평평하다.
— 태양은 남중하면서 기울어 있고, 사물은 태어나면서 죽어 있다.
— 크게 같고 작게 다른 것을 소동이小同異라 한다. 만물이 모두 같고 모두 다른 것을 대동이大同異라 한다.
— 남방은 끝이 없으면서 끝이 있다.

—오늘 월나라에 가서 어제 도착했다.

—연환連環(쭉 꿰여 있는 고리)은 풀 수 있다.

—나는 천하의 중앙을 알고 있다. 그것은 연나라의 북쪽, 월나라의 남쪽이다.

—만물을 널리 사랑하면, 천지는 한 몸이다.

혜자는 이런 것을 '천하를 대관大觀하는 것'이라 여겨 변자辯者들에게 가르쳤다. 천하의 변자들은 모두 이것을 논하기를 즐겼다.
惠施多方, 其書五車, 其道舛駁, 其言也不中. 厤物之意, 曰:"至大無外, 謂之大一. 至小無內, 謂之小一. 無厚, 不可積也, 其大千里. 天與地卑, 山與澤平. 日方中方睨, 物方生方死. 大同而與小同異, 此之謂小同異. 萬物畢同畢異, 此之謂大同異. 南方無窮而有窮, 今日適越而昔來. 連環可解也. 我知天下之中央, 燕之北越之南是也. 氾愛萬物, 天地一體也." 惠施以此爲大觀於天下而曉辯者, 天下之辯者相與樂之. (『장자』「천하」)

여기서 볼 수 있는 것은 관점을 바꿈으로써 시간적인 구별, 나아가서는 공간적인 구별을 없애려는 논리이다. 그런데 장자는 혜자의 이러한 '제동'을 '있을 수 없는 것을 있다고 하는 것'이라 비판하고, '도저히 이해할 수 없다'고 단정했다. 그렇다면 장자의 '제동' 논의는 시간적인 구별이나 공간적인 구별을 경시하는 것에 포인트가 놓여 있지 않음을 알 수 있다. 그러면 장자의 '제동'이란 무엇인가? 「제물론」 편의 핵심을 이루는 다음 인용문을 보자.

사물은 저것 아닌 것이 없고, 이것 아닌 것도 없다. 저것의 관점에서 보면 이것은 보이지 않지만, 이것의 관점에서 안다면 알수 있다. 그러므로 '저것은 이것에서 나오고, 이것은 저것에 의거한다'고 한다. 즉, 저것과 이것은 나란히 생기는 개념이다.

그러나 그렇다고 하더라도, 앞에서 말한 대로라면 (혜자가 말한것처럼) 나란히 태어나고 나란히 죽으며(태어나면서 죽어 있다), 나란히 죽고 나란히 태어나며, 나란히 옳고 나란히 옳지 않으며 (옳으면서 옳지 않다), 나란히 옳지 않고 나란히 옳으며, 옳은 것에 의거하고 그른 것에 의거하며, 그른 것에 의거하고 옳은 것에 의거하는 꼴이 된다. 따라서 성인은 이런 것에 의거하지 않고, 하늘에 비추어 보고 옳은 것에 의거하는 것이다.

이것 또한 저것이고, 저것 또한 이것이다. 그것 또한 하나의 시비이고, 이것 또한 하나의 시비이다. 그렇다면 과연 저것과 이것의 구별은 있는 것인가 없는 것인가?

저것과 이것이 짝을 이루는 개념이 아닐 때, 그것을 도추道樞(도의 지도리)라 한다. 지도리(회전축)가 원의 중심에 있으면, 무궁에 대처한다. 옳은 것도 하나의 무궁이고, 그른 것도 하나의 무궁이다. 그러므로 '명명을 쓰는 것만 한 게 없다'고 하는 것이다.

物無非彼, 物無非是. 自彼則不見, 自知則知之. 故曰彼出於是, 是亦因彼. 彼是方生之說也, 雖然, 方生方死, 方死方生. 方可方不可, 方不可方可. 因是因非, 因非因是. 是以聖人不由, 而照之於天, 亦因是也. 是亦彼也, 彼亦是也. 彼亦一是非, 此亦一是非. 果且有彼是乎哉? 果且無彼是乎哉? 彼是莫得其偶, 謂之道樞. 樞始得其環中, 以應無窮.

是亦一無窮, 非亦一無窮也. 故曰莫若以明. (『장자』「제물론」)

　매우 난해한 문장이지만, 장자는 저것이것이나 시비 혹은 생과 사, 가와 불가처럼 짝을 이루는 개념의 구별을 없애버린 것은 아니다. 그래서는 혜자와 마찬가지로 '제동'론에 빠져버린다. 그런 것이 아니라, '저것의 관점에서 보면 이것은 보이지 않지만, 이것의 관점에서 안다면 알 수 있다'(이것은 곽상이 '참으로 이것인 때에는 저것은 알지 못한다'는 해석과 겹친다)는 정의에서 생각하면, 장자는 '이것'이라는 가깝고 곁에 있는 것 혹은 이 세계에 뿌리내리는 것을 우선 중시한다. 그 다음에 '이것'이 '저것'으로 변용되고, '저것'이 또 하나의 '이것'으로 모습을 드러내는 사태를 보려 한다.

　'지도리'라는 회전축이 원의 중심에 놓이면, '이것(이 세계)'은 무한하게 된다. 그때 '저것'과 '이것'은 짝을 이루는 개념이 아니다. 즉, '제동'이 되기 때문에, '이것'이 아닌 '저것' 역시 또 하나의 세계로서 무한하게 된다.

　요컨대, 장자의 '제동'은 '이것'과 '저것'이 절대적으로 구별된 뒤에, '이것'이 '저것'으로 변용되는 사태('물화')를 기술하기 위한 개념인 것이다. 혜자의 '제동'이 '이것'과 '저것'을 초월하는 관점을 취해 공간적·시간적 구별을 경시한다면, 장자는 어디까지나 '이것'에 내재하고 '이것'을 변용시켜 '저것'으로 향하는 '물화'의 논의의 연장선에 있다.

　바꿔 말한다면, 종래의 해석이 '물화'를 '제동'에 기초하여 이해하려 한 것에 비해, 본서의 해석은 '제동'을 '물화'로 끌어당겨, '물화'와 '제동'을 같은 사태를 다른 각도에서 본 논의로 생각하려는 것이다.

제4장 『장자』와 타자론
— 물고기의 즐거움의 구조

그런데 '물화'에 있어서 우선은 각각의 처지('이것')에서 절대적으로 자족해야 한다고 할 경우, 얼핏 보면 그것은 자동자自同者 (자기와 동일한 똑같은 것)의 닫힌 영역을 형성하는 것처럼 보인다. 그것이 왜 다른 사물이 되고, 다른 세계('저것')를 구성할 수 있을까? 지금까지의 논의를 돌아보면서 설명해보자.

　초월론적 원리로서의 '도'가 기초를 제공하는 의미의 우주에, '물화'라는 변용이 구멍을 뚫었다. 그것은 '내'가 '나' 그대로이면서, 그러나 전혀 다른 별개의 사물이 됨으로써, 본질의 동일성이 붕괴되기 때문이다. 더구나 만물유전을 초월적인 시점에서 보는 종래의 '제동'관에서 보면, '물화'가 '이 세계'에 있어서 여러 아바타(변신變身)일 뿐이었던 것에 비해, '물화' 속에서 '나'뿐만 아니라 '이 세계'마저 변용되는 근원적인(혁명적인) 가능성을 보려 하면, 초월론적 원리로서의 '도' 자체가 변화된다고까지 말할 수 있을 것이다.

다만 그것은 그렇다 하더라도, 변용된 다른 사물에 있어서 '나'와 '이 세계'가 새롭게 편성된 이상, 그것은 타자와 다른 세계에는 끝내 열리지 않고 내용을 바꾸는 데 그친, 자동자의 닫힌 영역에 불과한 것은 아닐까.

이 물음을 생각하기 위해, 이제부터 『장자』에 나타난 타자 문제에 대해서 논하고자 한다. 그것은 '물화'의 사고를 더욱 깊게 이해하도록 해줄 것이다. 그 실마리로 『장자』「추수」편 말미에 나오는 '물고기의 즐거움'을 둘러싼 혜자와 장자의 논쟁을 보기로 하자. 겨우 백 자 남짓인 단편이지만, 본서의 첫머리에 언급한 유카와 히데키 역시 이 문제에 관심을 갖고 있었다. 이 논쟁은 저 멀리 근대적인 지식의 한계에까지 울림이 닿는 것이다.

토톨로지와 자기 경험의 고유성
— 혜자와 장자의 논쟁

우선 해당 부분을 읽어보자.

장자와 혜자가 호수濠水 주변에서 놀고 있었다.
장자가 말했다. "숙어儵魚(피라미)가 한가롭게 나와 놀고 있는, 이것이 물고기의 즐거움이지."
혜자가 말했다. "자네는 물고기가 아닌데, 어떻게 물고기의 즐거움을 아는가?"

장자가 말했다. "자네는 내가 아닌데, 어떻게 내가 물고기의 즐거움을 알지 못한다는 걸 아는가?"

혜자가 말했다. "나는 자네가 아니니까, 물론 자네를 알지 못하네. 자네도 원래 물고기가 아니니까, 자네가 물고기의 즐거움을 알지 못하는 것도 당연한 일이지."

장자가 말했다. "처음 질문으로 돌아가 보세. '자네가 어떻게 물고기의 즐거움을 아는가'라고 한 것은 이미 내가 알고 있는 것을 알기 때문에 물은 거지. 나는 그것을 호수濠水의 다리 위에서 알았다네."

莊子與惠子遊於濠梁之上. 莊子曰: "儵魚出遊從容, 是魚之樂也." 惠子曰: "子非魚, 安知魚之樂?" 莊子曰: "子非我, 安知我不知魚之樂?" 惠子曰: "我非子, 固不知子矣. 子固非魚也, 子之不知魚之樂, 全矣." 莊子曰: "請循其本. 子曰 '汝安知魚樂'云者, 旣已知吾知之而問我, 我知之濠上也." (『장자』「추수」)

이 논쟁은 두 개의 논리로 구성되어 있다. 하나는 혜자가 주장하는 논리로, 그것은 '타자의 경험을 알 수 없다'고 정리할 수 있다. 알 수 있는 것은 자기 경험뿐이다. 자기 경험은 타자에게서 격절隔絶된 고유성을 보유하고 있어, 타자는 알 수 없다. 그것을 여기서는 토톨로지tautology(타우토스 로고스=똑같은 자기 논리 혹은 동어반복)라고 부르기로 한다.

그렇다고 해도, 이 논리를 관철하는 것은 본래부터 쉽지 않다. 왜냐하면 그것이 로고스인 이상, 타자와의 소통에 늘 열려 있고,

이 논리 자체는 타자에게 알려질 수 있는 것이기 때문이다. 또한 여기서 전제하고 있는 '똑같은 자기'라는 것도 그 신분은 불안정하다. 그것이 지시하는 것은 이 세계 속에 아주 많이 존재하는 '자기들 중의 한 명'인가, 아니면 다름 아닌 **이 세계**를 구성하는, 대체 불가능한 '중심으로서의 자기'인가? 나아가 그러한 자기 경험의 고유성이란 어떠한 고유성인지도 문제이다. 그것은 내가 지각하고 있는 '하늘의 푸르름'이 다른 사람들의 지각내용과 절대적으로 다르다는 의미에서의 '내용의 특수성'인가, 아니면 '푸르름'이라는 성질에서는 보편화도 가능한 이상, 다른 경험과 교환할 수 있는 정도의 고유성인가?* 이런 의문들이 맹렬하게 밀려온다.

그러면 장자는 어디에서 어떻게 반론했는가? 흥미롭게도 장자는 우선 혜자의 토톨로지를 반복함으로써 그것을 반박하려 했다. 그것이 '자네는 내가 아닌데, 어떻게 내가 물고기의 즐거움을 알지 못한다는 걸 아는가?'라는 부분이다. 그것은 '타자의 경

---

*여기서 말하는 '하늘의 푸르름'은 『장자』「소요유」편의 다음 이야기를 바탕에 깔고 있다.

제해란 괴이한 일을 아는 사람(혹은 괴이한 일을 적은 책)이다. 그 제해에 이런 말이 있다. "붕새가 남쪽 바다로 돌아갈 때, 파도를 일으키기를 3천 리, 회오리바람을 타고 9만 리 장천을 날고, 그런 뒤에야 6월의 태풍을 타고(6개월을 쉰 뒤에야) 남쪽으로 날아간다." 아지랑이와 티끌, 이는 하늘과 땅의 생물이 서로 입김으로 내뿜는 것이다. 하늘이 푸르고 푸른 것은 과연 제 빛깔일까? 아니면 하늘이 멀리 떨어져서 끝 간 데가 없어서일까? 붕새 또한 아래를 내려다볼 때 역시 이 아래 세상에서 올려다볼 때처럼 푸르고 푸르게 보일 것이다.
齊諧者, 志怪者也. 諧之言曰: "鵬之徙於南冥也, 水擊三千里, 搏扶搖而上者九萬里, 去以六月息者也." 野馬也, 塵埃也, 生物之以息相吹也. 天之蒼蒼, 其正色邪? 其遠而無所至極邪? 其視下也, 亦若是則已矣.

험을 알 수 없다'는 명제가 장자라는 타자에 의해서 반복 가능한 이상, 이 토톨로지는 원리상 자기 안에 틀어박혀 있을 수 없음을 보여준 것이다. 장자는 토톨로지를 반복함으로써 그것을 논파하려 한 것이다.

그런데 아이러니하게도, 그렇게 함으로써 장자는 도리어 이 토톨로지의 목숨을 연장시켜버린다. 즉, 이 논리가 타자에게도 여전히 유지되고 생명을 연장할 만큼 강력하다는 사실을 증명해버렸던 것이다. 무슨 말인가? 혜자의 대답을 보자. 혜자는 '나는 자네가 아니니까, 물론 자네를 알지 못하네. 자네도 원래 물고기가 아니니까, 자네가 물고기의 즐거움을 알지 못하는 것도 당연한 일이지'라고 말하여, 다시금 반복이라는 수단으로 대답했던 것이다. 그것은 이 토톨로지가 자기만의 것이 아니라, 타자에 의해서도 승인될 수 있는 것임을 보여준다. 이리하여 토톨로지는 자기를 뛰어넘어 확대되었다.

그렇다고 해도, 여기에서 확대된 토톨로지를 지탱하는 타자는 타자로서의 타자가 아니라, 또 하나의 자기에 지나지 않는다. 장자는 스스로를 '타자의 경험을 알 수 없는' 배제된 타자로서 등장시키려 한 것인데, 혜자는 그러한 장자를 '타자의 경험을 알 수 없다'는 논리를 승인한 또 하나의 자기로 자리매김한 것이다. 요컨대, 장자와 혜자 사이에서 성립된 것처럼 보이는 대화는 타자를 두 번 제거했다고 할 수 있다.

이때 제거된 것은 타자만이 아니다. '똑같은 자기'로서의 자기가 확대됨으로써, 특이성을 지닌 자기('나'라고 부르기로 하자) 또한 제거되었다. 여기서 생각해야 할 것은 자기 경험의 고유성이다. 혜자가 상정한 경험의 **고유성**은, 다른 종種(물고기와 인간) 사이에서의 경험구조 일반의 차이에 기초한 고유성만을 말하는 것이 아니다. 그것은 장자와 혜자라는, 경험구조를 어느 정도 공유하고 있다고 생각되는 '인간이라는 종'에 있어서, 그 개체 사이에서 성립되는 경험내용의 차이에 기초한 사적이고 감추어진 고유성이다. 즉, '타자의 경험을 알 수 없다'는 것은 인간이 인간 이외의 존재가 경험한 것을, 경험구조 일반의 차이 때문에 알 수 없을 뿐만 아니라, 개체로서 타인이 경험한 것을 그 내용에 있어서 아는 것 또한 불가능하다는 말이기도 하다.

그렇기 때문에 혜자의 논의는 참으로 강력하다. 왜냐하면 경험의 고유성에 대한 논의를, 경험구조 일반의 차이와 개체 간 경험내용의 차이를 동시에 문제 삼는 평면에 둠으로써 특수와 보편을 연결했기 때문이다. 자기 경험은 타인이 엿보고 알 수 없는 사적이고 감추어진 것인 동시에, 그 사적이고 감추어진 고유성의 구조는 만인·만물이 보편적으로 공유하는 것이 된다.

그러나 '나'의 경험은 자기 경험의 이러한 '사적이고 감추어진 고유성'에 전부 수렴되는 것이 아니다. 장자가 마지막 부분에서 편 반론은, 자기 경험의 고유성을 보지保持한 토톨로지의 덫을 어떻게든 빠져나가려는 시도였다.

가까움의 논리와 지각의 명증성
— 장자의 논리

장자와 혜자의 문답 끝부분을 다시 한 번 보자.

장자가 말했다. "처음 질문으로 돌아가 보세. '자네가 어떻게 물고기의 즐거움을 아는가'라고 한 것은 이미 내가 알고 있는 것을 알기 때문에 물은 거지. 나는 그것을 호수濠水의 다리 위에서 알았다네."
莊子曰: "請循其本. 子曰 '汝安知魚樂'云者, 旣已知吾知之而問我, 我知之濠上也." (『장자』「추수」)

여기서 장자가 행한 것은, 자기 경험의 고유성은 타인이 알 수 없는 사적이고 감추어진 것이 아니라, 타자와 나 사이의 거리가 가깝다는 데서 생긴다는 방향 전환이다. 강하게 말한다면, 사적이고 감추어진 것조차 '나'와 타자의 가까움 없이는 성립되지 않는다.

우선 장자는 자기 경험의 구조 자체를 문제 삼는다. 경험이 경험으로서 성립되기 위해서는 그것이 자기가 아닌 것에 열려 있어야 한다. 자기 경험이 얼마만큼 타자로부터 격절된 곳에서 구성되어 있든, 경험인 이상, 원리상으로 자기가 아닌 타자에게 노출되기 마련이다. 더구나 이 장면에서는 장자와 혜자 사이에 대화 비슷한 것이 성립되어 있고, 혜자 또한 장자의 경험이 타자에게 열려 있는 것임을 형식적으로는 이해하고 있는 것처럼 보인다. 설령 타자가 경험한 내용에 관해서 혜자의 이해가 미치지 못했다 하더라도 말이다.

그런 상황에서 장자는 타자가 경험한 내용에 대해서 '나는 그것을 호수濠水의 다리 위에서 알았다'고 말하여 보강한다. 즉, '내'가 호수라는 구체적인 장소에서, 물고기와 뭔가 가까운 관계에 돌입하여 '물고기의 즐거움'을 지각했는데, 그것은 '나'로서는 충분히 구체적이고 직접적이며, 의심할 여지가 없는 것이다.

다만 이것은 '소박한 감성으로 알았다'(이케다 도모히사, 『장자』하, 486쪽)고 해석될 수 있는, '소박'하고 '스스로 그러한 것'이지 '자명'한 것은 아니다.

과연 지금 여기에 현전해 있는 자기가 뭔가를 지각하는 그 순간, 그 앎의 명증성은 지각의 동시성으로 뒷받침되어, 거의 반론의 여지가 없는 것이리라. 설령 지각이 틀렸다고 해도, 틀리게 지각된 것 자체는 명증적明證的이며, 틀렸다고 말하기 위해서도 다른 지각에 의존할 수밖에 없다고 말할 수도 있다. 그러면 '물고기의 즐거움'은 이러한 지각의 명증성의 체제, 즉 지각의 현재성을 특권화하는 체제에 의해 설명되는 것일까?

아니, 그렇지는 않다. 만약 '물고기의 즐거움'이 〈지금 여기〉가 변용된 것으로서의 〈그때 그곳〉 '호상濠上'에서의 지각과 그 명증성이라면, 그것은 시간을 관통하여 동일한 자기에 의해 의문의 여지가 없이 명증적으로 보증되는 경험일 따름이다. 그것은 토톨로지를 도리어 보완하는 것이 되어버린다. 그런 것이 아니라, '물고기의 즐거움'이 말하고 있는 것은 이러한 지각의 명증성을 뒤흔들 듯한 존재방식이다.

신체 배치를 지닌 체험
― 구와코 도시오

이것에 관해서는 구와코 도시오桑子敏雄(1951-)가 매우 시사적인 논의를 펼치고 있다. 구와코는 우선 현대의 혜자라 할 토머스 네이글Thomas Nagel(1937-)을 불러낸다.

그리하여 네이글이라면, 장주에 대해 '우리는 물고기의 감각기관과는 전혀 다른 기관을 통해 체험하는 법이니, 우리가 겪은 체험을 바탕으로 상상하는 것 이외에, 물고기의 즐거움을 알 도리는 없다'고 말할 것이다. 즉, 물고기에 대해, 물고기라는 사실이 어떤 것인지, 물고기가 즐기고 있는지 어떤지를 알 수는 없다. 장주가 물고기의 즐거움을 알았다면, 그것은 기껏해야 '물고기가 된다면, 어떤 즐거움이 있을까' 하고 장주가 상상할 수 있다는 말일 것이다. (구와코 도시오, 「물고기의 즐거움을 안다는 것: 장자 대 분석철학」, 『비교사상연구』 22호, 22쪽)

현대의 장자라 할 구와코 도시오는 이에 대해 다음과 같이 반론한다. 조금 길지만 중요한 논의이기 때문에 생략하지 않고 인용한다.

그렇다면 장자라면 네이글의 반론에 어떻게 대답할까? 장주가 물고기의 즐거움을 안다고 말한 진정한 의미는 어디에 있을까? 중요한 점은, 장주가 호수濠水 주변에서 헤엄치고 있는 물고기의 즐거움을 알았다고 한 것이지, 물고기의 심리에 대한 보편적인 지식을 얻었다고 말한 것은 아니다. 장주가 마지막에 한 말의 중요성은 그것을 의미한다. 장주의 인식은 특정한 시간 속에 놓인 신체, 그 신체에 대해 일정한 관계에 있는 물고기와의 배치 관계를 보여준다. 이 배치 관계가 성립되려면, 참으로 호수 주변이어야 한다. 혜시惠施는 '모든 인간과 모든 물고기 사이에 서로의 기분을 아는 관계는 성립되지 않는다'는 보편적 명제의 관점에서 '장주는 물고기의 기분을 알지 못한다'는 귀결을 끌어버리고 있다. 이에 대해 장주는 '그러한 보편적 명제의 관점에서 물고기의 기분을 아는지 모르는지'에 대한 결론을 끌어낼 수는 없다고 말한 것이다. '호수 근처에서 알았다'는 말이 지닌 중요성은, 물고기의 즐거움을 안다는 말이, 신체 배치를 가진 체험 속에서 행해졌음을 의미한다. 장주가 구체적 사례를 보편명제에 대한 반박사례로서 거론하여 반론했다는 말이 아니다. 오히려 그런 '보편적 지식의 틀에서 안다는 것을 생각하는 것 자체'를 비판하고 있는 것이다.

장주는 물고기와 환경을 공유하고 있다. 장주의 신체는 환경 속에 배치되어 있다. 호수 근처에서 물을 보고, 물고기가 헤엄치는 것을 바라보고 있다. 장주가 그곳에 있는 환경 속에서 물고기는 헤엄치고 있는 것이다. 헤엄치는 것의 유쾌함은 결코 마음속에서만 일어나는 체험이 아니다. 이 체험은 환경 속에서 발생한다. 헤엄치는 것의 유쾌함은 헤엄치는 자의 신체, 그것을 둘러싼 환경으로서의 호수, 그 신체 속에서 발생하는 심적 상태의 전체성 안에서 생기生起한다. 근대적 주관주의는 '유쾌함' 같은 감정을 내적이고 주관적인 체험이라 여겨왔다. 그러나 헤엄치는 것의 유쾌함은 유쾌함을 느끼는 주체와 쾌락을 불러일으키는 외계外界의 관계를 통해 비로소 발생하는 사태이다. 그것을 마음의 내적 체험만으로 환원시킬 수는 없다.

더욱 중요한 것은, '헤엄치는 것의 유쾌함'은 헤엄치는 주체와 그 환경 사이에서만 성립되는 관계가 아니라는 점이다. **장주가 마주한 환경 속에서 타자가 헤엄친다는 사태가 성립될 때, 장주의 신체 배치 속에서 즐거움(타자의 신체와 환경과 신체 속에서 발생한 전체성으로서)이 성립된다는 것이다.** 그것은 타자와 그 환경에 입회하고 있는 장주의 신체 배치 속에서 발생한 타자의 즐거움이다. 그곳에 입회하고 있다는 것이 신체가 배치되었음을 가리킨다. (같은 글, 22-23쪽)

'헤엄치는 것의 유쾌함'은 '신체가 배치된 체험'에서 발생하는 것이지, 고립된 심적 현상이 아니다. 또한 네이글처럼, '물고기의 즐거움'을 〈인간 혹은 자기의 '주관적' 즐거움을 상상에 의해 변용시킨 것〉이라고 이해하는 데 머물러서는 안 된다. 구와코는

'물고기의 즐거움'을 '장주의 신체 배치 속에서 〈타자의 신체와 환경과 신체 속에서 발생한〉 전체성'으로 파악하려 한다. 그것은 바로 장자의 '신체가 배치된 체험'을 통해서 포착할 수 있는 '타자의 즐거움'이다.

그렇다면 '물고기의 즐거움'을 말하는 것이 지각의 명증성과는 별개의 사태임을 알았을 것이다. 지각의 명증성은 '주관적' 명증성에 불과하며, 장자가 '물고기의 즐거움'을 특정한 시공 속에서 생생하게 지각함으로써 그 경험의 절실함을 증명한 것이다. 그런데 여기에서 제기된 질문은 장자라는 '주관' 혹은 '자기'가 전제되기 이전의 사태이다. '자기'가 미리 존재하고, 그것과 물고기 사이에 특정한 신체 배치가 구성되고, 그 뒤에 '물고기의 즐거움'을 명증적으로 알았다는 말이 아니다. 그런 것이 아니라, '물고기의 즐거움'이라는 아주 특이한 경험이 '내'가 호수에서 물고기와 만난 상황에서 성립된 것이다. 이 경험은 '나'의 경험(더구나 신체에 깊이 뿌리박은 경험)이면서 동시에 '나'를 벗어난 경험이다(왜냐하면 '나'의 입장에서는 완전히 수동적인 경험이기 때문이다).

이러한 경험이 '나'에게 발생했는지 발생하지 않았는지, 그것은 아무도 모른다. 구와코는 말한다.

내가 여기에서 말한 '신체 배치 위에 성립된' 인식은 물론 보편성을 주장하는 것이 아니다. 호수 위에 섰다고 해도 물고기의 즐거움을 알지 못할 사람은 얼마든지 있고, 낚이는 물고기의 피로움을 알지 못한 채, 낚시의 즐거움에 빠지는 사람이 훨씬 많을지도 모른다. 그렇다고 해서 이 인식이, 물고기에 대해 인식하는 것이 불가능함을 반증하는 개별적인 것으로서 보편에 대립하고 있는 것은 아니다. (같은 글, 24쪽)

호수에서 물고기를 보았다고 하더라도, 전혀 그것에 촉발되지 않고 그냥 지나가는 것은 흔히 있는 일이고, 혹은 물고기를 그저 '낚고 싶은 객체'라고 생각하고 '물고기의 즐거움'에 생각이 미치는 일 따위는 없을지도 모른다. 따라서 '물고기의 즐거움'을 경험한다는 것은 매우 특이한 사태이다. 그것은 '자기' 경험의 고유성을 확인하는 것이 아니라, 어떤 특정한 상황에서 '타자의 즐거움'일 '물고기의 즐거움'과 우연히 만나고, 그 우연한 만남에서 '내'가 특이한 '나'로서 성립된 것을 가리킨다. 여기에 있는 것은 근원적인 수동성의 경험이다. '나' 자체가 '타자의 즐거움'에 수동적으로 촉발되어 성립된 것이다.

다른 식으로 말하자면, '물고기의 즐거움'의 경험이 보여주는 것은 '나'와 물고기가 호수에서 어떤 가까운 관계에 들어갔다는 말이다. 그것은 〈지금 여기〉에 현전하는 지각의 능동적인 명증성이 아니라, 그 앞에서 발생하는 일종의 '비밀'이다. 그것은 '내'가 헤엄치는 물고기와 함께 '물고기의 즐거움'을 느끼는, 하나의 세계에 속하는 '비밀'이다. 지각의 명증성은 수동성이 엿볼 수 있는 **이 세계**가 성립된 후에만 가능해진다.

죽음의 즐거움

구와코가 '그곳에 입회하고 있다는 것이 신체가 배치되었음을 가리킨다'고 말한 명제를 좀 더 음미해보자. 호수에서 헤엄치는 물고기를 보면, 누구나 '물고기의 즐거움'의 경험에 들 수 있는 것이 아니다. '그곳에 입회한다'는 것은 '그곳'에 그저 있기만 하면 된다는 말이 아니라, 자기가 놓인 어떤 특정한 시공을 '그곳'으로서 스스로 받아들이는, 수동적인 받아들임이어야만 가능하다.

이해를 심화하기 위해, '물고기의 즐거움' 이외의 예를 보기로 하자. 그것은 '죽음의 즐거움'이라 할 만한 사태이다.

장자의 아버가 죽었을 때 혜자가 문상을 갔다. 장자는 다리를 뻗고 느긋하게 앉아, 질그릇을 두드리며 노래를 부르고 있었다. 혜자가 말했다. "함께 살면서 아이를 기르고, 같이 늙어간 사람이 죽은 때에, 눈물을 흘리지 않는 것만 해도 어지간한데, 질그릇을 두드리며 노래를 부르다니 심한 거 아닌가."

장자가 말했다. "그렇지 않아, 자네가 잘못 생각한 거야. 아버가 죽었을 때 나도 큰 상실감을 느꼈지. 그러나 그 근본으로 돌아가 보았거든. 그러니까 원래 생이란 거 없었더라고. 생이 없었을 뿐만 아니라, 형체도 없었지. 형체가 없었을 뿐만 아니라, 기도 없었네. 아른아른한 가운데 함께 뒤섞이고, 뭔가가 변화해서 기가 생겼지. 기 가운데 뭔가가 변화해서 형체가 생겼고, 형체가

운데 뭔가가 변화해서 생이 생겼네. 이제 또 변화해서 죽음으로
간 거야. 그건 춘하추동 사철이 돌아가는 것과 함께 움직인 거
지. 아내가 커다란 방 안에 누워 잠든 때, 내가 눈물을 흘리고만
있었던 게, 잘 생각해보니, 명命을 잘 몰라서 그런 거 아닌가 싶
어서, 그래서 나는 울기를 그만두었네."

莊子妻死, 惠子弔之, 莊子則方箕踞鼓盆而歌. 惠子曰: "與人居, 長子
老身, 死不哭亦足矣, 又鼓盆而歌, 不亦甚乎!" 莊子曰: "不然. 是其始
死也, 我獨何能無槪然! 察其始而本無生, 非徒無生也而本無形, 非徒
無形也而本無氣. 雜乎芒芴之間, 變而有氣, 氣變而有形, 形變而有生,
今又變而之死, 是相與爲春秋冬夏四時行也. 人且偃然寢於巨室, 而我
噭噭然隨而哭之, 自以爲不通乎命, 故止也."(『장자』 「지락」)

이것은 '물고기의 즐거움'이 실려 있는 「추수」 편 다음에 있는
「지락」 편에 나오는 이야기이다. 「지락」이라는 제목이 붙어 있
듯, 이 편에서는 즐거움의 궁극을 다루고 있다.

그건 그렇고, 이 이야기 또한 혜자와의 문답이다. 혜자는 여기
에서 장자에게 아내의 죽음을 앞에 두고 곡하기를 요구하고 있
다. 장자는 그 응답으로 아내의 관 옆에서 눈물을 흘리기는커녕,
질그릇을 두드리고 노래를 부르며 크게 즐거워했다. 이것은 장
자의 입장에서는 아내에 대한 일종의 공양供養이다. 즉, 이 장면
에서의 장자에게 '그곳에 입회하는' 행위는 형식에 정해진 대로
눈물을 흘리며 슬퍼하는 것이 아니라, '죽음의 즐거움'을 죽은
아내와 함께 향수하는 데 이른 것이다.

'물고기의 즐거움'에 대해서 많은 논자가 동물인 물고기와 사람 사이에 '즐거움'을 공유할 수 있는지 여부를 묻는 일이 자주 있었다. 그것을 흉내 내본다면, 여기서는 이미 마음을 갖고 있지 않은 것처럼 보이는 죽은 자와 산 자 사이에 '즐거움'을 공유할 수 있는지를 물어야 할지도 모른다. 하지만 그것은 이 사태에 대한 질문으로 걸맞지 않다는 생각이 든다. 왜냐하면 '물고기의 즐거움'이든 '죽음의 즐거움'이든, 주체와 주체 사이에 벌어지는 '타아他我 인식의 문제'(구와코 도시오) 따위가 아니기 때문이다. 그런 것이 아니라, 장자가 기술하고 있는 것은 '물고기의 즐거움'이나 '죽음의 즐거움'이 솟아오르는 '가까움'의 경험이다. 죽은 아내가 주체로서 '죽음의 즐거움'을 지각하고 있는 것이 아니라, 장자와 아내의 '가까움'에서 '죽음의 즐거움'이 성립되고 있다. 생각해야 할 것은 이러한 사태이다.

여기에서 주의해야 할 것은, '그곳에 입회하기' 위해서는 '수동성의 받아들임'이 필요하다는 점이다. 자연스럽고 소박한 태도만으로는 '그곳'을 '가까움'으로서 받아들일 수 없다. 그러면 받아들이기 위한 조건은 무엇인가? 그것은 '명을 잘 몰랐다'는 사실을 알아차리고, 울기를 그만두고 '죽음의 즐거움'에 몰입하는 것이다. 즉, '죽음의 즐거움'을 알기 위해서는 '명을 잘 아는' 지知가 필요하다. 그 지의 내용에 관해서, 장자는 '원래 생이란 거 없었더라고. 생이 없었을 뿐만 아니라, 형체도 없었지. 형체가 없었을 뿐만 아니라, 기도 없었네. 아른아른한 가운데 함께 뒤섞이고, 뭔가가 변화해서 기가 생겼지. 기 가운데 뭔가가 변화해서 형체가 생겼고. 형체 가운데 뭔가가 변화해서 생이 생겼네. 이제 또 변화해서 죽음으로 간 거야. 그건 춘하추동 사철이 돌아가는 것과 함께 움직인 거지'라고 설명했다.

'명을 잘 아는' 그러한 앎이 없다면, '죽음의 즐거움'에 다다르기 어렵다. 눈물을 흘리던 장자가 아내의 관 옆에서 '입회함'으로써, 그 앎이 작동하고 '죽음의 즐거움'을 공유할 수 있었던 것이다. 하지만 '그곳에 입회한다'는 것은 무엇인가? 여기서는 그것을 '공양'이라는 말에 기대어 좀 더 생각해보려 한다.

공양의 법

'공양'은 불교용어로 인구에 회자된 말이지만, 여기서는 그 어원적 의미를 중심으로 이해하고 싶다. 즉, '공양'은 산스크리트로, pūjā '받쳐들다·존중·숭배' 혹은 upa-√sthā '~을 향하여/~가까이에/~아래에' '서다/계속 존재하다/의존하다'라는 오랜 의미가 있다. 둘 다 어떻게 본다고 해도 타자에 대한 신체적 배치를 떠올리게 하는 말인데, 특히 upa-√sthā는 문자 그대로 타자 가까이에 몸을 두는 것, 가까이에서 타자를 시중들기 위해 준비하는 존재를 가리킨다. upa-√sthā는 '공양' 외에도 '주住·안주安住, 처處, 친근親近, 기起·발기發起, 봉행奉行' 등으로 한역된다. 나와 타자가 '그곳에 입회한' 것, 그리하여 가까움이 성립되고, 특이한 경험이 생기는 것을 보여주는 말들이다.

그러나 upa-√sthā에는 동시에 토톨로지도 숨어 있다. 즉, '내'가 '자기'가 되고, 타자를 또 하나의 자기에 동화시켜버릴 위험이 있다. 결코 '공양'을 향하지 않을 듯한 '안주安住'로서의 upa-√sthā. 그것은 upa(주변에)가 떨어져나간 경우 여실히 드러난다. 즉, sthāna일 경우이다. sthāna는 '(재물의) 저장, 완전한 정적, 지위, 신분, 계급'이라는 뜻이고, '법法, 의義'라고 한역되는 경우도 있다.

논의를 확장하기 위해서 upa-√sthā에 관련된 말 upa-√ās에 대해서도 살펴보자. 이것은 upa와 ās '앉다, 머물다, 살다'(한역은 '재在, 주住')의 복합어이고, '~가까이에 앉다, ~를 존경·축복하다'라는 의미인데, 이것도 upa-√sthā와 마찬가지로 보통은 '~가까이에 앉다'라는 의미이다. 이 말을 살펴보려는 이유는 그 뜻과 말을 만든 방법이 upa-√sthā와 매우 닮았기 때문이 아니라, upa-√sthā의 '사회적인' 존재방식을 생각하는 데 중요하다고 생각되기 때문이다. 즉, 우리들에게도 매우 익숙한 upa-√sthā의 명사형 upāsaka(우바새), upāsika(우바이)라는 존재방식이 그것이다. 그들은 보시를 행하고, '공양'을 행하는 재가신도로, bhikṣu(비구) 즉 교단의 순수한 멤버와는 구별되고 분리된, 주변에 위치한 모호한 존재, 경계에 있는 존재이다. 그들은 '계율을 지키면서 교단을 경제적으로 지탱한다'(나카무라 하지메中村元·후쿠나가 미쓰지·다무라 요시로田村芳朗·곤노 도오루수野達·스에키 후미히코末木文美士 편, 『불교사전』 제2판, 74쪽). 구체적으로는, 출가자의 의식주衣食住를 돌봐주는 것이니, 참으로 타자를 위해 타자 대신에 식사를 준비하고, 입을 것을 주고, 주거지를 제공하는 것이다. 그리고 그 일을 위해서라도 그들은 밥을 먹고, 의복이 주는 따뜻함을 누리고, 집에 거주해야 한다. 그들은('선남선녀善男善女'라 부르기도 한다) 무엇보다 먼저 자족하고 향수하는 존재이고, 그렇기에 제 입에 들어가는 것을 나누어줄 수 있는 것이다. 우리들은 이러한 '선량함'의 존재방식을 시대착오라고 치부해버리면 안 될 것이다.

장자로 돌아가자. 불교식으로 말하자면, 장자는 아내의 곁에 몸을 두고, 질그릇을 두드리며 노래를 불러 아내에게 공양을 바치며, '죽음의 즐거움'을 향수하고 있다. 이것은 죽음의 슬픔에 눈물을 흘리고 장례를 치르는 사회적 통념과는 다른 것이다. 후자가 열어 보인 세계는 죽은 아내와의 관계에서 말한다면 '먼 세계'이다. 그 경우, 장자에게 아내가 지니는 의미는 장례가 치러질 죽은 자일 따름이다. 아내의 죽음은 다른 죽음과 마찬가지로, 사회 안에서 위치를 부여하고 극복해야 할 죽음이다. 그런데 '그곳에 입회하는' 공양의 관계는 이것과는 전혀 다른 '가까운 세계'를 연다. 장자는 아내의 죽음에 대해, 신체적 배치 속에서 '죽음의 즐거움'을 향수하고, 그리하여 아내의 죽음은 의미 있는 것으로 변모된다. 죽음은 고립된 현상이 아니고, 장자와 아내의 가까움 속에서 '공유된 의미'로서 등장하는 것이다.

이것이 장자가 알려주는 '비밀'이다. 즉, '물고기의 즐거움'이든 '죽음의 즐거움'이든, '내'가 타자와 깊이 관계를 맺고, '이' 세계에 몰입하고 향수하는 데서 비롯되고 엿볼 수 있는 세계인 것이다. 그것은 모든 사회성 이전에 존재하는 원-사회성임과 동시에, 모든 사회성을 바꿀 수 있는 가능성의 조건이다. 그것은 주체가 지각하는 행위를 통해 능동적으로 획득하는 그런 체험이 아니다. 선행하는 것은 타자이지만, 그 타자는 그림자 속에 있다. 그림자 속의 타자를 알아차리는지 여부는 미리 결정되어 있지 않다. 그러나 일단 알아차리면 가까움이 작동하고, '내'가 쪼개져 나와서, '수동성의 경험'인 '물고기의 즐거움'이나 '죽음의 즐거움'이 나타나는 것이다.

그때 '나'와 타자 사이에는 무엇이 발생할까? '물고기의 즐거움'이나 '죽음의 즐거움'을 향수할 때, '나'는 그 전과는 전혀 다른 세계를 산다. '나'는 물고기가 기분 좋게 헤엄치고 있는 세계를 사는 것이고, 아내가 죽은 세계를 사는 것이다.

이 장 첫머리에서 '물화'에 대해 언급하면서, '나'와 '이 세계'가 새롭게 편성된다고 해도 그것은 타자와 다른 세계에는 끝내 개방되지 않고 내용만 바꾼 자동자(자기에게 동일한 똑같은 것)의 닫힌 영역일 뿐이 아닌가 하는 질문을 제기했다. 하지만 그 뒤의 논의에서 제시했듯이 '나'와 '이 세계'는 타자와의 가까움에서 성립되는 것임을 보았다. 그렇다면 그것은 결코 자동자의 닫힌 영역이 아니다. 그것은 타자에게 열려 있는 것이고, 동시에 '나'를 자기동일성으로부터 해방시키는 것이기도 하다.

마지막 장에서는 그 해방에 대해 생각해보려 한다.

제5장 닭이 되어 때를 알려라

— 속박으로부터의 해방

이제까지의 논의에서 보았듯이, '물화'가 일어나면 '나'와 함께 '이 세계' 또한 변용된다. 그러면 '물화'의 궁극에 가면 '나'와 '이 세계'는 어떻게 될 것인가? 『장자』에 담긴 생각은 그것을 밑바닥에 깔고 진행되었다고 여겨진다. 즉, 변용된 '이 세계'는 일종의 해방공간이 되고, '나'는 (자기동일성을 포함한) 모든 속박으로부터 자유로워지는 것 말이다.

　닭이 되다

　'물화'의 궁극을 보여주는 실마리로 다음 인용을 보기로 하자. 이미 제I부에서 호적과 풍우란의 『장자』 해석을 검토할 때 언급한 부분이다.

자여가 별안간 앓아누웠다. 자사가 병문안을 가니, 자여는 이렇게 말했다. "아아 위대하구나, 저 조물주가 나를 이렇게 곱사등이로 만드는구나. 등덜미가 굽고, 오장은 위로 올라가, 턱이 배꼽 밑으로 숨어들고, 어깨는 머리꼭대기보다 높고, 상투 밑동이 하늘을 가리키고 있구나. 음양의 기가 어지러워진 게야."

자여는 마음은 고요하고 편안하여 허둥대지 않았고, 비틀비틀 우물로 가서 수면에 자기를 비추더니 다시 말했다. "아아, 저 조물주가 나를 이렇게 곱사등이로 만들었어."

자사가 말했다. "자네는 그게 싫은가?"

자여가 대답했다. "아닐세, 어째서 싫겠는가. 점점 내 왼팔이 변화되어 닭이 된다면, 나는 때를 알리겠네. 점점 내 오른팔이 변화되어 탄환이 된다면, 올빼미라도 쏘아서 구이로 만들겠네. 점점 내 엉덩이가 변화되어 바퀴가 되고 내 마음이 말이 된다면, 그것을 타고 가겠네. 마차에 타지 않아도 좋겠지. 무릇 얻는 것도 때가 있고 잃는 것도 차례가 있네. 때를 편안히 여겨 따른다면, 슬픔과 기쁨 같은 감정이 끼어들 수 없다네. 이것이 예로부터 일러온 현해懸解(속박을 푸는 것)라네. 속박이 풀리지 않는 것은 물에 얽매여 있기 때문이지.

俄而子輿有病, 子祀往問之. 曰: "偉哉夫造物者, 將以予爲此拘拘也! 曲僂發背, 上有五管, 頤隱於齊, 肩高於頂, 句贅指天." 陰陽之氣有沴, 其心閒而無事, 跰(足鮮)而鑑於井, 曰: "嗟乎! 夫造物者又將以予爲此拘拘也!" 子祀曰: "女惡之乎?" 曰: "亡, 予何惡! 浸假而化予之左臂而爲鷄, 予因以求時夜. 浸假而化予之右臂以爲彈, 予因以求鴞炙. 浸假

238

而化予之尻以爲輪, 以神爲馬, 予因以乘之, 豈更駕哉! 且夫得者, 時也, 失者, 順也. 安時而處順, 哀樂不能入也. 此古之所謂縣解也. 而不能自解者, 物有結之." (『장자』 「대종사」)

호적은 이 부분을, 모든 것은 운명에 의해 정해져 있다고 달관하는 '달관주의'의 정점이라 여겨 비판했다. 왜냐하면 그것은 '낙천안명樂天安命'하는 소인을 만들어낼 뿐이기 때문이다. 그에 비해 풍우란은 이 부분을, '리理에 의해 감정을 변화시킨' 것이고, "어떤 일에 부딪혀도 감정이 흔들리지 않고, 속박을 받지 않는다. 이리하여 '인간의 자유'를 획득한다"(풍우란, 『중국철학사』, 295쪽)고 이해하고, 장자의 '신비주의'라 서술했다.

이 두 가지 해석은 각각 다른 각도에서 장자의 핵심에 다가서려 하고 있다. 그러나 어느 쪽이든 이 부분이 '물화'의 궁극이라는 점을 놓쳤다는 생각이 든다. 그러면 여기에 등장한 '물화'는 무엇을 알려주려 한 것일까?

확인해두고 싶은 것은, 여기에 표현된 것은 단순한 몽상도 아니고, 환상도 아니라는 점이다. 예를 들어, 인간이 변화해가는 현실을 생각해보자. 그것은 인간이 난자와 정자의 결합으로 생명을 얻고, 여러 기관이 분화하여 갓난아기가 되고, 아이에서 성장하여 어른이 되는 변화이기도 하고, 남자나 여자가 되고, 늙어서 죽는 변화이기도 할 것이다. 이 현실은 참으로 진부한 변화이다. 하지만 그럼에도 불구하고 우리들은 이 현실의 변화를 포착할 언어를 아직 충분히 보유하고 있지 않다. 기껏해야 출생이란 무엇인가, 어린아이란 무엇인가, 남자란 무엇인가, 여자란 무엇인가, 늙음이란 무엇인가, 죽음이란 무엇인가 따위의 '무엇인가'라는 질문으로 본질을 묻는 담론을 보유하고 있는 정도이다. 변화라는 현실은 본질을 묻는 담론으로부터 미끄러져 탈락된다.

여기에서 표현된 '물화'에 입각해서 말하자면, 팔이나 엉덩이, 혹은 마음(심장)을 실체적으로 파악할 수는 있다. 그러나 실체란 어떠한 것일까? 그것을 '변화'라는 측면에서 보면, '변화'의 운동속도가 늦어진 상태이고, 어느 정도의 항상성과 정상성定常性을 보유한 사태에 지나지 않는다. 우리들은 스스로 가늠할 수 있는 척도에서 '변화'를 봉인하고, 그것을 실체라 부르고 있는 것이다.

그렇다면 우리들이 가늠하는 척도를 바꾼다면 어떻게 될까? 예를 들어, 새소리를 들을 때 테이프의 속도를 바꾸었던 다케미쓰 도오루처럼. 그때, 좀 더 빠른 속도로 구성되어 있는 '변화'를 포착할 수 있을 것이다. 그것은 좀 더 마이크로한 차원(예를 들면 분자)에서 벌어지는 운동을 포착하는 일이기도 하다. 그럴 때 비로소 우리가 어떤 실체적 존재방식이라 부르는 것은, 변화를 계속하는 운동이 우연히 어떤 방향으로 질서 있게 정리됨으로써 성립되는 것이라는 점을 이해할 수 있을 것이다. 역으로 말하면, 변화를 계속하는 운동 방향을 조금만 바꾸어도 실체적 존재방식 또한 근본적으로 변용될 수 있는 것이다.

여기에서 표현된 '물화'는, 보통의 경우 기형畸形이나 이상異常으로 치부되는 것이다. 그런데 『장자』의 상상력은 그것을 기형이나 이상으로 치부하려 하지 않고, 왼팔이 왼팔 그대로이면서 그것을 '변화'의 운동 속에 다시 배치하고 정해진 구성을 자유로이 변경함으로써, 때를 알리는 닭이 되는 것을 알아채려 한 것이다.

이 상상력은 앞에서 보았던 명인이나 진인 혹은 성인이 행하는, 다른 것이 되려는 노력과 똑같은 것이다. 스스로가 다른 것이 됨으로써, 그 다른 사물 또한 '운동'에 휩말려 변용된다. 그리고 그것에 응해 '이 세계' 자체가 변용되는 것이다.

질 들뢰즈라면, 이것을 '악마적 현실성'(질 들뢰즈·펠릭스 가타리Félix Guattari, 『천 개의 고원』, 291쪽)이라 부를 것이다. 그것은 생성변화라는 '속도의 상相'에서 파악한다면, 우리들의 현실성은 단일하고 평평한 것이 아니고, 특정한 방향으로 질서 있게 정돈된 것도 아니며, 생각지도 못한 '결합과 분리'의 운동으로 이루어진 것임을 알리는 것이다. 그리고 들뢰즈는, '생성변화의 사상가'로서의 들뢰즈는 참으로 장자적인 '물화'를 자신의 중국론의 핵심에 배치한 사람이다.

세계 자체가 생성변화를 일으키고, 우리들은 〈모두〉가 된다
— 질 들뢰즈

들뢰즈는 중국인에 대해 이렇게 말했다.

벽을 통과하기. 아마도 중국인이라면 가능할 것이다. 그러나 어

떻게. 동물이 되어서, 꽃 또는 돌이 되어서, 또한 불가사의하고 지각할 수 없는 것이 되어서, 사랑하는 것과 한 몸으로 단단하게 굳음으로써. 가령 움직이지 않고 그 장소에서 시험해보려면, 이것은 속도의 문제이다. (…) 물론 여기서는 예술, 그중에서도 가장 고도의 예술의 모든 자원을 활용해야 한다. 모든 에크리튀르écriture(기록·문자)의 **선線**, 모든 회화성繪畫性의 **선**, 모든 음악성의 **선**이 필요할 것이다…. 왜냐하면 사람은 에크리튀르에 의해 동물이 되고, 색채에 의해 지각할 수 없는 존재가 되고, 음악에 의해 단단하게 되어 추억을 잃고, 동시에 동물이 되고, 지각할 수 없는 존재가 된다. 즉, 사랑하는 자로. (같은 책, 213쪽)

왜 중국인이라면 벽을 통과할 수 있는 것일까? 그것은 중국인이 다른 것이 될 수 있기 때문이다. 중국인은 동물이 되고, 꽃이나 바위가 되고, 나아가서는 지각할 수 없는 것이 된다. 그럼으로써 중국인은 예수조차 통과할 수 없었던 벽을 통과할 수 있다. 들뢰즈는 이렇게 자신의 생성변화 사상의 구체적인 모습을 중국인을 빌려 표현한다.

그러면 들뢰즈의 입장에서, 다른 것으로 생성변화한다는 것은 어떠한 사태였을까? 그것은 다른 것을 모방하는 것이 아니다. 다른 것이 된다는 것은 자기 자신이면서, 그러나 그 구성을 분자 차원에서 바꾸는 것이다.

배우 로버트 드 니로는 어떤 영화의 한 장면에서 게처럼 걸었다. 그러나 당사자의 설명에 따르면, 이것은 게를 모방한 것이 아니다. 영상과, 혹은 영상의 속도와, 게에 연관된 〈뭔가〉를 조합시키려 한 것이다. 그리고 우리들에게 중요한 점은 여기에 있다. 즉, 인간이 동물이 〈되는〉 것은 오직 어떤 수단과 요소를 사용하여, '동물 미립자 특유의 운동과 정지' 관계에 편입될 만한 미소립자를 방출하는 경우뿐이다. 혹은, 이것도 결국 같은 말이 되겠지만, 동물적 분자의 가까운 영역에 편입될 만한 미소립자를 방출하는 경우일 뿐이라는 말이다. 동물이 〈되기〉 위해서는 자기 자신도 분자가 되는 수밖에 없다. 정말로 개처럼 짖는 몰mol*상태의 개가 되는 것은 아니다. 그런 것이 아니라, 개처럼 짖으면서 **만약 충분한 열의와 필연성과 구성이 있다면**, 그때는 분자 상태의 개를 방출할 수 있는 것이다. 인간은 자기가 속하는 몰 상태의 종種을 교환함으로써 늑대가 되는 것이 아니고, 흡혈귀가 되는 것도 아니다. 그런 것이 아니라, 흡혈귀나 늑대인간은 인간의 생성변화이다. 즉, 복수의 분자를 조합할 경우, 그 분자 사이에 나타나는 '가까운' 상태이고, 방출된 미립자 간의 운동과 정지, 빠름과 느림의 관계이다. (…)

그렇다, 모든 생성변화는 분자상分子狀인 것이다. 우리들은 동물이나 꽃, 암석이 되지만, 이러한 사상事象은 분자 상태의 집합체이고 '이 성질'인 것이지, 우리 인간의 외부에 인식되고 경험이

---

*물질의 양을 나타내는 단위. 1몰은 분자, 원자, 이온, 전자 따위의 동질 입자가 아보가드로 수인 6.02×10^{23}만큼 존재하는 물질의 집단이다.

나 지식, 습관을 동원해서 비로소 그것임이 알려지는 몰 상태의 주체나 객체는 아닌 것이다. (같은 책, 316-317쪽)

여기서는 앞서 언급한 『장자』의 상상력이 좀 더 알기 쉬운 표현으로 제시되어 있다. 동물이나 꽃, 바위가 되는 것은 실체 차원에서의 '몰mol 상태의 종을 교환하는' 것이 아니라. '분자상分子狀'의 동물이나 꽃, 바위로 구성을 변화시키는 것이다. '방출된 미립자 간의 운동과 정지, 빠름과 느림의 관계'인 이상, 그것은 미분微分의 차원, 혹은 가속도의 차원에 몸을 두고 변화시키는 것이라 해도 좋을 것이다.

그러나 들뢰즈는 거기에는 '어떤 수단과 요소'나, '충분한 열의와 필연성과 구성'이 필요하다고 말한다. 로버트 드 니로의 경우, 그것은 배우의 탁월한 기술일 것이다. 그렇다면 중국인은 어떠할까? 들뢰즈는 이미 벽을 통과할 수 있는 중국인에 대해서도 그러한 '기술=예술'을 인정했다. 즉, 그것은 '선線'의 '기술=예술'이다. 다른 것이 된다(동물이 되고, 지각할 수 없는 것이 된다)는 것은 선線에 의한 것이다. 여기서 문제가 되는 것은 다음과 같은 선이다.

프랑수아 창이 밝힌 바에 따르면, 문인화가는 상사相似(서로 닮음)를 추구하는 것이 아니고, '기하학적 비례 배분'을 계산하는 것도 아니다. 문인화가는 자연의 본질을 이루는 선이나 운동만을 채택하여, 이것을 추출하고, 오직 한결같이 '묘사하는 선'을 연장

하고, 포개는 것이다. '어디에나 있는 평범한 것이 되어, 〈모두〉
를 생성변화하게 바꾼다면, 세계의 양상을 드러내고, 하나의 세
계, 복수의 세계를 만들게 된다'는 것은 이러한 의미에 있어서이
다. 즉, 가까운 영역을 찾아내고, 식별 불가능성을 띤 구역을 찾
아내려는 것이다. 추상기계로서의 코스모스, 그리고 이것을 실
현하는 '구체적인 배열'로서의 개별적인 세계. 다른 선에 이어져
연장되고, 다른 선과 결합되는, 하나 혹은 복수의 추상선抽象線을
향해 자기의 불필요한 부분을 잘라버리고 줄여서, 마침내는 매개
없이, 직접적으로 하나의 세계를 만들어버리는 것. 그곳에서는 세
계 자체가 생성변화를 일으키고, 우리들은 〈모두〉가 된다. (같은
책, 323쪽)

선이란 결국 미분 차원을 달리는 추상선이다. 이것은 절약하
는 성질을 띤 추상선이니, 참으로 '자기의 불필요한 부분을 잘라
내고 줄이는' 것이다. 그리고 그것은 'abstractio'의 원뜻의 울림
을 만들고, 끌어내는 동시에, 훔쳐내는 것이다. 우리들은 이 추
상선이 됨으로써 점차로 동물도 되고, 꽃이나 바위도 된다. 여기
에 와서 알 수 있는 것은, 들뢰즈는 선의 '기술=예술'을 보유한
자를 '중국인'이라 불렀다는 사실이다.

이 인용부분에는 또 하나의 중요한 사실이 기술되어 있다. 즉,
다른 것으로 생성변화하는 것은 단독으로 이루어지는 현상이 아
니라는 점이다. 들뢰즈는 '내'가 다른 것으로 변화하는 것은 동
시에 그 다른 것이 다시 다른 것으로 변화하는 것이라 강조한다.

화가나 음악가는 동물을 모방하는 것이 아니다. 화가나 음악가가 동물이 '됨'과 동시에, 동물도 대자연과의 협조가 궁극에 달한 지점에서 자기가 되고 싶은 것이 〈되는〉 것이다. 생성변화는 늘 둘을 짝으로 삼아 일어난다는 것, 그리고 〈되는〉 대상도 〈되는〉 당사자도 동시에 생성변화를 이룬다는 것. 이것이야말로 본질적으로 유동적이고, 결코 평형에 도달하는 일이 없는 블록 bloc(연합체)을 이루는 요인이다. (같은 책, 350쪽)

'생성변화' 하는 상황에서 하나의 근방近傍(가까움)이 변화하면, 다른 근방(가까움)도 독립적으로 변화한다. 그리고 그 결과, 앞서 인용했듯이, 이 세계 자체가 깊이 변용되는 것이다. "그곳에서는 세계 **자체**가 생성변화를 일으키고, 우리들은 〈모두〉가 된다."

들뢰즈가 말한 이런 '생성변화'는 장자의 '물화'와 멋지게 조응한다. 두 사람 다, 다른 것으로 변화하는 것을 통해, 이 세계가 밑바탕에서부터 변용되는 모습을 궁극적인 이미지로 보여주고 있다.

알려야 할 때

그러면 변용된 이 세계(들뢰즈는 그것을 '혁명'이라 표상하기도 했다)는 어떠한 세계일까? 그것은 한마디로 말하면, 다른 때를 사는 세계이다. 그때란 시계열적으로(chronological) 계측되는 시간과는 다른 때이니, '참으로 이것인 때'를 가리킬 것이다. 들 뢰즈의 말을 빌리자면, 그것은 '크로노스'와는 다른, '아이온'이 라 부르는 때이다.

> 부정법不定法 동사*는 아이온에 고유한, 박자가 없는 유동적 시 간을 표현하고 있기 때문이다. 즉, 다른 모든 서법敍法**에서 시 간을 포착하는 시계열적인, 혹은 시간계측적인 수치와는 관계 없이, 상대적인 빠름과 늦음을 명시하는 순수한 〈사건〉이나 생 성변화의 시간이다. 따라서 생성변화의 양태(서법) 및 시간(시제時 制)으로서의 부정법을, 존재(~이다)의 맥동 혹은 수치를 형성하면 서 〈크로노스〉를 지시하는 모든 양태(서법) 및 시간(시제)과 대치 시키는 것은 당연히 허용될 것이다. (같은 책, 304쪽)

'아이온'이란 그리스어로 영겁이나 영원이라는 뜻인데, 이 '때'는 지나간 현재로서의 과거나 와야 할 현재로서의 미래를, 현재의 앞뒤에 순서대로 세우는 시계열적인 시간과는 다르다. 그것은 가까움에서 성립되는 '어떤 것'으로서의 '내'가 요구하 는 '참으로 이것인 때'이다. 그것은 결코 현전하는 현재로 환원

---

*동사가 취하는 명사적 형태의 하나로, 동사가 나타내는 관념을 단적으로 표시하는 일. 영어 의 'to have', 독어의 'lieben', 불어의 'aimer' 따위이다.
**문장의 내용에 대한 화자의 심적 태도를 나타내는 동사의 어형 변화. 인도·유럽 어족에 서는 '직설법' '명령법' '가정법', 한국어에서는 '평서법' '의문법' '감탄법' '명령법' '청유법'을 인정한다.

되는 것이 아니다. 그것은 다름 아닌 '생성변화의 시간'이기 때문이다.

들뢰즈는 정관사가 붙을 만한 고유성을 보유한 개체성은 연대순으로 포착하는 서법이나 시제를 요구한다고 말했다. 그러나 그것과는 달리, 부정관사가 붙을 만한 '어떤 것'의 개체성은 운동(변화) 가운데에서 특정되지 않는 '이것'으로서 성립되기 때문에, 부정법이라는 시제로 표시되는 때를 요구한다. 그것은 사태가 발생하는 생성변화의 모멘트(힘＝계기＝때)인 것이다.

『장자』로 돌아가자. '물화'의 궁극에서 닭은 때를 알리려 한다. 그곳에서 알려지는 때는 계측 가능한 시간이 아니다. 왜냐하면 닭이 된 시점에 세계 또한 다른 때로 이루어진 세계로 변용되었기 때문이다. 그 세계에는 천뢰天籟·지뢰地籟·인뢰人籟가 울려 퍼지고 있다. 그것을 관통하듯 섬광처럼 울려나오는 닭 소리는 생성변화의 소리로서 새로운 때가 도래했음을 알린다. '참으로 이것인 때'란 무엇인가? 그것은 바로 하늘에서 해방된 때이다. 다시 한 번 다음 부분을 읽어보자.

자사가 말했다. "자네는 그게 싫은가?"
자여가 대답했다. "아닐세, 어째서 싫겠는가. 점점 내 왼팔이 변화되어 닭이 된다면, 나는 때를 알리겠네. 점점 내 오른팔이 변화되어 탄환이 된다면, 올빼미라도 쏘아서 구이로 만들겠네. 점점 내 엉덩이가 변화되어 바퀴가 되고 내 마음이 말이 된다면, 그것을 타고 가겠네. 마차에 타지 않아도 좋겠지. 무릇 얻는 것도 때가 있고 잃는 것도 차례가 있네. 때를 편안히 여겨 따른다면, 슬픔과 기쁨 같은 감정이 끼어들 수 없다네. 이것이 예로부터 일러온 현해懸解(속박을 푸는 것)라네. 속박이 풀리지 않는 것은 물에 얽매여 있기 때문이지. 대저 물이 하늘을 이기지 못한 것은 오래된 일인데, 내 어찌 이것을 싫어하겠나"

子祀曰: "女惡之乎?" 曰: "亡, 予何惡! 浸假而化予之左臂而爲鷄, 予因以求時夜. 浸假而化予之右臂以爲彈, 予因以求鴞炙. 浸假而化予之尻以爲輪, 以神爲馬, 予因以乘之, 豈更駕哉! 且夫得者, 時也, 失者, 順也. 安時而處順, 哀樂不能入也. 此古之所謂縣解也. 而不能自解者, 物有結之. 且夫物不勝天久矣, 吾又何惡焉!" (『장자』 「대종사」)

'물화'의 궁극에서 언급된 것은 '예로부터 일러온' 말 '현해'였다. '현해懸(縣)解'라는 말은 『장자』 「양생주」 편에도 보인다.

어쩌다 태어난 것은 선생(노담)이 태어날 때였기 때문이고, 어쩌다 세상을 떠난 것은 선생이 죽을 차례였기 때문이다. 때를 편안히 여기고, 차례를 따른다면, 슬픔과 즐거움이 끼어들 여지가 없지. 옛날에는 이것을 '하늘의 매닮에서 풀려난다(현해縣解)'고 했어.

適來, 夫子時也. 適去, 夫子順也. 安時而處順, 哀樂不能入也, 古者謂是帝之縣解. (『장자』 「양생주」)

거의 같은 취지를 논했는데, 여기서 속박하고 있는 것이 '제帝

(상제, 하늘)'라는 사실을 알 수 있다. '현懸' 혹은 '현縣'이 '거꾸로 매달다'의 의미라는 사실을 염두에 둔다면, '현해'란 하늘이 거꾸로 매달아 놓은 인간이 그 속박에서 풀려난다는 말이다. 곽상은 그것을 '현懸에서 풀려나면, 성명性命의 정情을 얻을 수 있다. 이것이 양생의 요체이다(縣解而性命之情得矣. 此養生之要也)'라고 해석했다. 요컨대, '물화'의 궁극에서는 사물과의 온갖 연결에서 풀려나, '내'가 완전한 자유를 손에 넣어, 그 생을 향수할수 있는 것이다.

이 자유는 풍우란이 말한 '어떠한 사태와 부딪혀도 감정이 흔들리지 않고, 얽매일 일도 없는' 것과도 다르고, 후쿠나가 미쓰지가 말한(그리고 호적이 비판한) '모든 경우(처지)를 자기에게 주어진 것으로서 늠름하게 긍정하는 지점에서 참으로 자유로운 인간의 생활이 시작된다'는 것과도 딱 맞지 않는다. 그런 것이 아니라, 이것은 '물화'가 엿볼 수 있게 해준 자유, 사물과의 연결에서 풀려나서, '내'가 모든 사태의 가능성을 향해 수동적인 방식으로 열려 있음을 가리키는 것이다.

도덕 없는 자유

이 자유의 의미를 명백히 하기 위해, 마지막으로 「대종사」편에서 하나만 더 인용하기로 한다.

안회가 중니仲尼(공자)에게 물었다. "맹손재는 어머너가 죽었을 때, 우는 시늉은 했지만 눈물을 흘리지 않았고, 마음으로 애도하지 않았으며, 상주 노릇을 하는데도 슬픈 기색이 없었습니다. 이렇게 세 가지가 결여되었는데도, 장례를 잘 치렀다고 노나라에 소문이 났습니다. 애초에 실질이 없는데도 이름을 얻은 것은 아닐까요? 저는 아무래도 이상한 생각이 듭니다."

중니가 말했다. "맹손씨는 제 할 바를 다한 것이다. 지知에 있어서 더욱 나아가 있는 게야. 세상 사람들은 간단하게 행하려 해도 할 수 없지만, 그는 간단하게 행했어. 맹손씨는 태어난 까닭이나 죽는 까닭을 몰랐고, 앞서 떠날지 나중에 떠날지도 모르는 사람이야. 변화에 따라서 사물이 되고, 그 아는 바 없는 변화를 기다리고 있을 뿐인 게지. 참으로 변화하려 할 때는, 변화되지 않은 것을 알지 못하며, 변화되지 않을 때는, 이미 변화된 사실을 알지 못하는 법. 나와 너는 아직 꿈에서 깨어나지 않은 게야.

顔回問仲尼曰：“孟孫才, 其母死, 哭泣無涕, 中心不戚, 居喪不哀. 無是三者, 以善處喪蓋魯國. 固有無其實而得其名者乎? 回壹怪之.”仲尼曰：“夫孟孫氏盡之矣, 進於知矣. 唯簡之而不得, 夫已有所簡矣. 孟孫氏不知所以生, 不知所以死；不知就先, 不知就後；若化爲物, 以待其所不知之化已乎! 且方將化, 惡知不化哉? 方將不化, 惡知已化哉? 吾特與汝, 其夢未始覺者邪! (『장자』「대종사」)

중국사상에서 복상服喪은 줄곧 중대한 쟁점이었다. 특히 유가에서 그러했다. 그런데 여기서는 공자와 안회를 등장시켜 슬픔의 감정과 참된 성실함을 결여한 맹손재의 복상을 칭찬하고 있다. 맹손재가 왜 훌륭한가 하면, '태어난 까닭이나 죽는 까닭을 몰랐기' 때문에, '그 아는 바 없는 변화를 기다리고 있을 뿐'이기 때문이다.

여기에 보이는 것은, 죽음을 사물의 과정으로서 이지적으로 파악한 태도도 아니고, 모든 것을 분별한 상태에서 조용히 죽음에 임한 훌륭함도 아니다. 맹손재가 보여준 것은 능동성으로 전화되는 일이 없는 '태도의 수동성'이다. 그것은 미래를 예측하는 일 없이, 미래를 알지 못한 채로 기다리는 방식이다. 그리고 그것은 과거의 까닭을 아는 일 없이, 과거를 알지 못한 채로 머무는 방식이다.

이것은 한편으로 이지적으로 사태를 파악하는 것에 대한 저항이다. '이때'의 의미를, '크로노스'로서의 과거와 미래에 결부시켜서 파악하지 않는다. 여기에 있는 것은 의미 붙이기에서 해방된 자유이다. 그러면서 이것은 다른 한편으로 도덕을 결여한 자유이다. 왜냐하면 아직 알지 못하는 미래로 열려 있다고는 해도, 과거에 발생한, (그러므로 이제 와서 지울 수는 없는) 사건의 과거성을 잘라내버림으로써, 과거에 대한 책임이라는 계기가 전혀 없기 때문이다. 『장자』에는 폭력(끌려간 여희나 죽음)에 대해 그것을 반문하는 도덕적 장면이 없다.

과거와 미래의 비대칭성을 생각할 때, 『장자』가 상정하는 자유는 어디까지나 아직 알지 못하는 미래에 도래할 사건에서 열리는 것이어서, 과거에 발생한 사건에 대해서는 등을 돌린다. 바로 그렇기에, 호적과 풍우란의 상이한 해석이 동시에 가능했던 것이다. 즉, 현상을 긍정할 따름인 '달관주의'와, 모종의 지식을 갖춘 '인간의 자유'를 찬양하는 해석이다.

이것은 아마도 『장자』의 독이고 '물화' 사상의 한계일 것이다. 그것은 과거의 때인 '그때'를 다루는 것이 불가능한, '이때'의 사상이기 때문이다. 그것을 도덕 없는 자유라고 부를 수 있으리라. 그렇다고 해도, '물화'의 사상은 도래할 미래의 사건에 스스로를 열어두고, '이 세계'의 변용에 도박을 거는 것이기도 하다. 그것을 들뢰즈가 스피노자를 통해 '기쁨의 윤리'라고 부른 것을 떠올려보자. 그렇다면 『장자』에 관해서 물어야 할 것은 과거의 사건에 대한 슬픔의 도덕을 물리치고, 미래의 사건에 대한 '기쁨의 윤리'를 향한 자유일 것이다.

그것을 어떻게 평가할지는 이미 우리 독자들 손에 맡겨져 있다. 그러나 이것은 결코 『장자』라는 오래된 책에만 돌려보낼 물음이 아니라는 사실은 분명하리라. 1995년 11월 4일. 생을 완전히 긍정한 철학자가 창에서 몸을 던진 '이때', 그 사람은 이미 훨훨 나는 나비였다.* 그리고 죽음은, 이제는 악惡이 아닐 터이다. 그 한계와 고귀함 양쪽을 곱씹으면서, 마지막으로, 어둠을 가르는 말을 적어두고 싶다.

닭이 되어 때를 알려라.

---

*질 들뢰즈가 1995년 11월 4일, 자기 아파트에서 뛰어내려 자살한 것을 가리키는 듯하다.

언젠가는 『장자』에 대해서 정리한 책을 쓰고 싶다고 생각해왔
다. 이제까지 몇 번이고 『장자』의 일부를 골라서 논하기는 했지
만, 전체를 논하는 일은 좀처럼 할 수 없었다. 그런 참에, 이 〈책
의 탄생, 새로운 고전입문〉 시리즈가 기획되어 의뢰를 받은 것은
망외의 기쁨이었다.

처음에는 일이 어렵게 풀릴 거라고는 생각도 못했다. 내 속에
내 나름의 명쾌한 『장자』 이미지가 있었기 때문이다. 그러나 작
금에 대학을 둘러싸고 벌어지는 상황에 휘말리기도 해서 마음
먹은 대로 시간을 내지 못했고, 정신을 차리고 보니 쓰기 시작한
초고가 몇 개월이나 방치된 채로 있는 형국이었다. 그렇기는 해
도, 일이 술술 풀리지 않은 진짜 요인은 역시 『장자』에 있다. 그
것이 만만치 않은 텍스트라는 사실을 새삼 확인하게 되었고, 머
릿속에 그리고 있던 『장자』 이미지를 수정하지 않을 수 없었던
것이다.

그렇지만 매우 유쾌한 경험이기도 했다. 제I부에서는 『장자』를 논하는 틀을 찾아 동서고금에서 격투한 흔적을 더듬어보았는데, 모두 있는 힘을 다해 『장자』에 맞서는 모습을 보여주었다. 특히 서양권에서의 『장자』 독해는 이제까지 그다지 언급된 적도 없었기 때문에, 그들이 장자를 다루는 방식이나 문제설정 방식은 크게 참고가 되었다. 아쉬운 것은 독일어권과 한국어권에서의 『장자』 독해에 대해 언급할 수 없었던 일이다. 스스로의 역부족을 부끄러워할 따름이다.

제II부에서는 내 나름으로 『장자』 이미지를 제시하려 시도했다. 언어와 타자라는 문제 계열에 대해서는 머리에 그린 대로 논술할 수 있었지만, 생각을 바꾸지 않을 수 없었던 것은 '물화物化'였다. 많은 논술이 『장자』의 중심사상을 '제동齊同'에 두었기 때문에, 논자들이 '물화'도 거기에 끌어들여, 사물이 무차별함을 입증하는 개념으로 이해하고 있었다. 나도 처음에는 그렇게 생각했다. 그러나 텍스트를 읽어가는 동안, 어쩌면 '물화'야말로 중심사상이고, '제동'은 그걸 바탕으로 삼아 이해해야 하는 게 아닐까 하는 생각에 도달했다. 만약 그렇다면 이것은 『장자』의 역동성을 회복하는 독해가 되리라는 생각이 들었다. 호적胡適 식으로 말하자면, '우뚝 솟은 에펠탑'에서 내려다보는 것이 아니라, 사물의 생성변화에 다가가, 그곳에서 세계의 비밀을 엿보려는 역동성이다. 이 해석이 들어맞았는지 여부는 독자의 판단을 기다리는 수밖에 없겠지만, 적어도 『장자』의 '물화'에는 그러한 독해 가능성이 있다는 사실은 전달되지 않았을까 싶다. 또한 그것이 현대적 철학의 과제와도 이어지고 있음을 질 들뢰즈의 사상과 포개어봄으로써 보여주지 않았나 하는 생각도 든다.

그렇기는 해도, 축적된 선행연구에 큰 도움을 받았다. 내 나름으로 비판적인 독해를 시도한 경우도 있었지만, 비판이 가능할 만큼 완성되고 열려 있는 연구를 한 선학先學들에게 새삼 감사를 드리고 싶다. 학문은 고독한 작업일 수밖에 없지만, 그 고독의 밑바닥에서 선학의 뜻에 접한 것은 큰 위로였다.

또한 이 기획의 편집담당자인 스기타 모리야스 씨, 야마모토 겐 씨, 나라바야시 아이 씨에게도 감사를 표하고 싶다. 메일이나 전화, 그리고 편지를 보냈을 뿐만 아니라, 연구실에도 찾아오셔서 지지부진한 작업을 조용히 북돋아주셨다. 얼마만큼 인내의 시간을 보내셨을지 생각하면 드릴 말씀이 없다.

그 밖에도 결코 평탄하지 않았던 그 시기를 지탱해주신 많은 분들의 얼굴이 떠오른다. 감사하려면 끝이 없을 터이지만, 이 책을 그 분들 한 분 한 분에게 바치고 싶다.

나카지마 다카히로

『장자』 저본

1. 『莊子集釋』 전4책, 郭慶藩 撰, 王孝魚 點校, 中華書局, 新編諸子集成, 1961년
『장자』를 원전으로 읽으려는 경우, 이 책을 권한다. 교정이 제대로 되어 있고, 구두점이 있어 읽기 편하며, 많은 주석을 알기 쉽게 모아놓았다.

『장자』 번역 · 해설

2. 市川安司 · 遠藤哲夫, 『莊子』 上下, 明治書院, 新釋漢文大系, 1966/1967년
3. 森三樹三郎, 『莊子』, 小川環樹 責任編輯, 『老子 莊子』, 中央公論社, 世界の名著, 1968년
4. 金谷治, 『莊子』 전4책, 岩波文庫, 1971-1983년
5. 赤塚忠, 『莊子』 上下, 集英社, 全釋漢文大系, 1974/1977년(박일봉 옮김, 『장자』 동양고전신서 17-19, 육문사, 1993/2000)
6. 福永光司, 『莊子』 內篇, 外篇 上中下, 雜篇 上下, 朝日新聞社, 1978년
7. 森三樹三郎, 『老子 · 莊子』, 講談社, 人類の知的遺産, 1978년〔뒤에, 講談社學術文庫, 1994년〕
8. 池田知久, 『莊子』 上下, 學習研究社, 中國の古典, 1983/1986년
9. 野村茂夫, 『老子 · 莊子』, 角川書店, 鑑賞中國の古典, 1988년
10. Burton Watson, *The Complete Works of Chuang Tzu*, Columbia University Press, 1964, 1996

『장자』의 해석은 부분역이나 초역抄譯까지 포함하면 너무 수가 많아서 전부 게재할 수는 없지만, 시리즈물과 문고본을 중심으로 구입하기 쉬운 것을 들어보았다.
이 가운데 이채를 발하는 것은 후쿠나가 미쓰지福永光司의 『장자』이다. 그 책은 단순한 번역 · 해설에 머물지 않고, '중국민족이 낳은 귀재' 장자에게, 역시 귀재인 후쿠

---

*한국어 역본이 있는 경우, 괄호 안에 표시했다.

나가가 최대한 다가서려 한 책이다. 또한 이케다 도모히사池田知久의 『장자』는 곽상·성현영 이후의 새로운 주석을 많이 이용하고 있다는 점에서 중요하다.

영어권의 번역에 대해서는 본문에서 서술했기 때문에 생략하지만, 버튼 워슨의 것을 들어둔다.

프롤로그

11. 湯川秀樹, 『湯川秀樹著作集 六 讀書と思索』, 岩波文庫, 1989년

제 I 부 책의 여로 ─ 『장자』 동서고금

제1장 『장자』의 계보학

12. 池田知久, 『老莊思想』, 放送大學教育振興會, 1996년

13. 加地伸行 編, 『老莊思想を學ぶ人のために』, 世界思想社, 1997년

14. Anne Cheng, *Histoire de la pensée chinoise*, Seuil, 1997

15. A. C. Graham, *Disputers of the Tao: Philosophical Argument in Ancient China*, Open Court, 1989(앤거스 그레이엄 지음, 나성 옮김, 『도의 논쟁자들』, 새물결, 2003)

이 가운데 독자에게 편리한 것은 가지 노부유키加地伸行 편, 『노장사상을 배우는 이들을 위하여』이다. 본서에 인용된 사와다 다키오「노장이라는 사람과 책」외에도 노장의 문헌학적 연구성과와, 다른 사상과의 비교연구가 실려 있다. 또 문헌안내도 충실하여, 독자에게 많은 실마리를 제공할 것이다.

그리고 안 청『중국사상사』는 풍우란의 영어판『중국철학사』이후 처음으로 서구 언어로 씌어진 중국철학통사로, 『장자』에 관해서도 최신 성과가 솜씨 좋게 정리되어 있다.

제2장 중국사상사에서의 『장자』 독해 ─ 근대 이전

16. 楊國榮, 『莊子的思想世界』, 北京大學出版社, 2006년

17. 福永光司, 『魏晉思想史研究』, 岩波書店, 2005년

18. 森三樹三郎, 『老莊と佛敎』, 法藏館, 1986년〔뒤에, 講談社學術文庫, 2003년〕

19. 坂出祥伸 編, 『「道敎」の大事典』, 新人物往來社, 1994년

20. 橫手裕, 『中國道敎の展開』, 山川出版社, 2008년

21. 中島隆藏, 「成玄永の'一中'思想とその周邊」, 平井俊榮 監修, 『三論敎學の研究』, 春秋社, 1990년

22. 葛洪, 『抱朴子 內篇』, 本田濟 譯, 平凡社, 1990년

23. 酒井忠夫·福井文雅, 「道敎とは何か」, 福井康順 他 監修, 『道敎 第一卷 道敎とは何か』, 平河出版社, 1983년

24. 陳仲奇, 「道敎神仙說の成立について」, 『總合政策論叢』 제1호, 島根縣立大學總合

政策學會, 2001년

현재 중국어권의『장자』연구는 그야말로 무수히 많은데, 본서에서는 양국영의『장자의 사상세계』한 권만 골랐다. 그것은 이 책이 중국의 전통적인 해석에 단단히 입각하면서도 현재의 철학적인 문제 계열을 의식한 상태에서『장자』를 다시 논하기 때문이다. 새로운 독해 방향으로서 일독의 가치가 있다고 생각한다.

도교와의 관계에서『장자』를 어떤 위치에 두느냐는 중요한 테마인데, 실은 도교 자체의 외연과 내포를 확정할 수 없기 때문에 생각만큼 쉬운 일이 아니었다. 도교에 관해서는 요코테 유타카橫手裕의『중국도교의 전개』가 분량도 많지 않고 명쾌하다. 『장자』와 불교를 강하게 결부시켜 독해한 것이 모리 미키사부로森三樹三郎의『노장과 불교』이다. 모리는 일본 근대의『장자』독해에서 하나의 우뚝한 봉우리라 할 수 있는 존재이니, 그의 철학적『장자』론에 한 번은 접해보기를 권한다.

제3장 근대 중국철학과『장자』─ 호적과 풍우란

25. 胡適,『中國哲學史大綱(卷上)』,『胡適學術文集 中國哲學史』上下, 中華書局, 1991년

26. 馮友蘭,『中國哲學史』上下, 中華書局, 1961년〔馮友蘭,『中國哲學史』, 柿村峻・吾妻重二 譯,『中國哲學史 成立篇』〕, 富山房, 1995년〕(풍우란 지음, 박성규 옮김, 『중국철학사 상하』, 까치, 1999)

27. スピノザ,『エチカ』上下, 畠中尙志 譯, 岩波文庫, 1975년(스피노자 지음, 강영계 옮김,『에티카』, 서광사, 1990/개정판 2007)

28. Gilles Deleuze, *Spinoza: Philosophie pratique*, Minuit, 1981〔ジル・ドゥルーズ, 『スピノザ: 實踐の哲學』, 鈴木雅大 譯, 平凡社, 1994년〕(질 들뢰즈 지음, 박기순 옮김,『스피노자의 철학』이데아총서 63, 민음사, 1999/2001)

29.『魯迅全集』전16권, 人民文學出版社, 1981년〔『魯迅全集』전20책, 學習研究社, 1984-1986년〕

30. 木山英雄,『莊周韓非の毒』,『一橋論叢』제69권, 제4호, 1973년

근대중국의『장자』독해에 관해서는 여기에 든 호적・풍우란・노신 외에도 장병린章炳麟의『제물론석齊物論釋』이 있지만, '물화物化'를 거의 논하지 않은 점도 있고 해서 이번에는 다루지 않았다. 다행히 젊은 연구자 몇 사람이 장병린의『장자』론을 연구하고 있다니, 앞으로 그 성과를 기대한다.

제4장 서양에서의『장자』독해

31. Henri Maspero, *Le Taoïsme, Mélanges posthumes sur les religions et l'histoire de la Chine*, 2, Publications du Musée Guimet, Bibliothèque de diffusion, t.58, 1950〔アンリ・マスペロ,『道教』, 川勝義雄 譯, 平凡社, 1978년〕(앙리 마스페로 지음,

신하령 옮김, 『도교』, 까치글방, 1999)

32. Isabelle Robinet, *Histoire du taoïsme: des origines au XIVe siècle*, Cerf, 1991 〔이자벨 로비네, 『도교사: 기원부터 14세기까지』〕

33. Jean-François Billeter, *Leçons sur Tchouang-tseu*, Allia, 2002〔『장자강의』〕

34. Jean-François Billeter, *Études sur Tchouang-tseu*, Allia, 2004, 2006〔『장자연구』〕

35. Liu Xiaogan, *Classifying the Zhuangzi Chapters*, University of Michigan, 1994 〔劉笑敢, 『『장자』 제편의 분석』〕

36. A. C. Graham, *Chuang-Tzŭ: The Inner Chapters*, Hackett Publishing Company, 1981, 1986, 1989, 2001〔앤거스 찰스 그레이엄, 『장자: 내편』〕

37. Youru Wang, *Linguistic Strategies in Daoist Zhuangzi and Chan Buddhism: The other way of speaking*, Routledge Curzon, 2003〔王友如, 『도가 장자와 선불교의 언어전략: 별개의 어법』〕

38. Victor H. Mair (ed.), *Experimental Essays on Chuang-tzu*, University of Hawaii Press, 1983〔빅터 마이어 편, 『장자에 관한 실험적 논문집』〕

39. Paul Kjellberg and Philip J. Ivanhoe (eds.), *Essays on Skepticism, Relativism, and Ethics in the Zhuangzi*, State University of New York Press, 1996〔폴 켈버그 · 필립 J. 아이반호 편, 『『장자』에 있어서 회의주의, 상대주의, 윤리에 관한 논문집』〕

40. Roger T. Ames (ed.), *Wandering at Ease in the Zhuangzi*, State University of New York Press, 1998〔로저 에임즈 편, 『『장자』의 소요유』〕

41. Scott Cook (ed.), *Hiding the World in the World: Uneven Discourses on the Zhuangzi*, State University of New York Press, 2003〔스콧 쿡 편, 『세계 안에 세계를 감추다: 『장자』에 관한 제동齊同이 아닌 여러 담론』〕

서양권에서의 연구도 한우충동이라 할 만큼 많지만, 둘만 고른다면 장 프랑수아 비유테의 『장자강의』와 왕우여의 『도가 장자와 선불교의 언어전략: 별개의 어법』이다. 전자는 비유테의 『장자연구』로 이어져, 철학으로서 『장자』를 독해하는 것은 어떠한 작업인지 잘 알 수 있다. 후자는 앤거스 찰스 그레이엄의 『장자: 내편』 독해 뒤에 어떤 새로운 기축機軸을 낼 수 있을지를 모색한 책으로, 사실 필자는 왕우여의 박사논문(거의 같은 내용)에서부터 뒤쫓았기 때문에 개인적인 추억이 어린 책이다.

제Ⅱ부 작품세계를 읽다 ― 물화의 핵심을 둘러싸고
제1장 『장자』의 언어사상 ― 공명하는 오랄리테

42. 中島隆博, 『殘響の中國哲學: 言語と政治』, 東京大學出版會, 2007년

43. 堀池信夫, 『漢魏思想史硏究』, 明治書院, 1988년

44. Alphonso Lingis, *The Community of Those Who Have Nothing in Common*,

Indiana University Press, 1994〔アルフォンソ・リンギス, 『何も公有していない者たちの共同體』, 野谷啓二 譯, 洛北出版, 2006년〕

45. 武滿徹, 『武滿徹 エッセイ選: 言葉の海へ』, 小沼純一 編, ちくま學藝文庫, 2008년

졸저이긴 하지만, 나카지마 다카히로의 『잔향의 중국철학: 언어와 정치』를 일독하면, 『장자』의 언어사상이 중국철학사의 어떠한 맥락에서 나왔는지가 좀 더 명확해질 것이다.(한국어판은 글항아리에서 출간 예정.)

알폰소 링기스는 에마뉘엘 레비나스의 두 주저(『전체성과 무한』, 『존재에서 존재자로』)의 영역자이기도 해서, 소통(communication) 문제를 어떻게 다루어야 하는지를 가르쳐주고 『장자』 독해의 지평을 넓혀준다.

제2장 도를 듣는 법 — 도는 똥오줌에 있다

46. 福永光司, 『莊子: 古代中國の實存主義』, 1964년, 中公新書(복영광사 지음, 이동철·임헌규 옮김, 『장자: 고대중국의 실존주의』, 청계, 1999)

47. 陳凱歌 監督 『孩子王』, 西安映畵製作所, 1978년〔日本語版, 『子供たちの王様』, VHS版, パイオニア LDC, 1991년/ DVD版, 紀伊國屋書店, 2004년〕

48. 阿城, 『阿城 チャンピオン・他』, 立間祥介 譯, 德間書店, 現代中國文學選集 8, 1989년

49. Rey Chow, *Primitive Passions: Visuality, Sexuality, Ethnography, and Contemporary Chinese Cinema*, Columbia University Press, 1995〔レイ・チョウ, 『プリミティヴへの情熱: 中國·女性·映畵』, 本橋哲也·吉原ゆかり 譯, 青土社, 1999년〕(레이 초우 지음, 정재서 옮김, 『원시적 열정: 시각, 섹슈얼리티, 민족지, 현대중국영화』, 이산, 2004)

『장자: 고대중국의 실존주의』는 후쿠나가 미쓰지의 열정이 흘러넘치는 책이다. 장주가 후쿠나가가 되었는지, 후쿠나가가 장주가 되었는지 알 수 없을 만큼, 후쿠나가·장주의 실존이 통증이 느껴질 만큼 육박해온다. 읽는 이로 하여금 '나도 이런 책을 쓰고 싶다'고 생각하게끔 하는 매력이 있는데, 후쿠나가가 아니면 결코 쓸 수 없는 유일무이한 책이다.

제3장 물화와 제동 — 세계 자체의 변용

50. 森三樹三郎, 『中國思想を學ぶ人のために』, 世界思想社, 1985년

제4장 『장자』와 타자론 — 물고기의 즐거움의 구조

51. 中島隆博, 「魚の樂しみともう一度語ること: 『莊子』秋水篇小考」, 『中國哲學研究』第二號, 1990년

52. 桑子敏雄, 「魚の樂しみを知ること: 莊子對分析哲學」, 『比較思想研究』二二號,

1995년

53. 中村元・福永光司・田村芳朗・今野達・末木文美士 編,『佛敎辭典』第二版, 岩波書店, 2002년

『장자』「추수」편의 '물고기의 즐거움'을 다룬 것으로는 졸론과 구와코 도시오桑子敏雄의 논문을 들고 싶다. 필자의 졸론에 비해 구와코의 논문은 응축된 문체로 물음의 초점을 분명하게 다룬다. 사실 구와코는 필자의 논문을 인용해주셨는데, 이 장은 그것에 대한 응답으로 읽을 수도 있다.

제5장 닭이 되어 때를 알려라 — 속박으로부터의 해방

54. Gilles Deleuze and Félix Guattari, *Mille Plateaux: Capitalisme et schizophrénie*, Minuit, 1980〔ジル・ドゥルーズ, フェリックス・ガタリ,『千のプラト-』, 宇野邦一・小澤秋廣・田中敏彦・豊崎光一・宮林寬・守中高明 譯, 河出書房新社, 1994년〕(질 들뢰즈・펠릭스 가타리 지음, 김재인 옮김,『천 개의 고원: 자본주의와 분열증 2』, 새물결, 2001)

오늘날 가장 장자적이라 생각되는 사상가는 질 들뢰즈이다. 이 '생生 철학자'가 주장한 '생성변화'와『장자』의 '물화'는 서로 긴밀한 관계에 있다고 확신한다. 이 장에서는 그것에 대해 논의했는데, 질 들뢰즈와 펠릭스 가타리가 쓴『천 개의 고원』을 아울러 읽는다면 내가 그리는『장자』이미지가 어떠한 것인지를 좀 더 이해할 수 있으리라 생각한다.

내편

소요유逍遙遊, 제물론齊物論, 양생주養生主, 인간세人間世, 덕충부德充符, 대종사
大宗師, 응제왕應帝王

외편

변무騈拇, 마제馬蹄, 거협胠篋, 재유在宥, 천지天地, 천도天道, 천운天運, 각의刻意,
선성繕性, 추수秋水, 지락至樂, 달생達生, 산목山木, 전자방田子方, 지북유知北遊

잡편

경상초庚桑楚, 서무귀徐無鬼, 칙양則陽, 외물外物, 우언寓言, 양왕讓王, 도척盜跖,
설검說劍, 어부漁父, 열어구列禦寇, 천하天下

1. 이 책은 동서양에서 이루어진 장자 이해의 역사를 개관하고 저자 자신의 장자 이해를 서술한 것으로, 2부로 구성되어 있다.

2. 역자는 장자철학 전공자가 아니다. 다만 우연한 기회에 몇 분(김충렬, 장원철, 청명 임창순)에게 장자를 배웠고, 선후배들과 스터디를 하며 곽상 주를 읽은 적이 있다. 전공자가 아니어서 저지른 잘못이 있다면, 눈 밝은 독자들께서 지적해주시기 바란다.

3. 인용한문을 번역하는 데 기존 역서의 도움을 많이 받았다. 특히 안동림, 김달진 두 분의 『장자』 번역에 도움 받은 바 컸음을 밝혀둔다.

4. 역자가 개인적으로 감명 깊게 읽은 장자 관련 책을 몇 종 소개하는 것으로 후기를 갈음하고자 한다.

①채지충, 『장자 1, 2』— 만화책이다. 출판사가 여러 번 바뀌었다. 역자가 소장하고 있는 것은 〈우리랜드 · 두성〉 판이다. 입문서로 좋을 듯하다.

②이상수, 『바보새 이야기』(길, 1998) —파격적인 『장자』 번역이다. 그 파격에는 격이 있다고 느꼈다.

③토머스 머튼 지음, 황남주 옮김, 『장자의 길』(고려원미디어, 1991)〔Thomas Merton, *The Way of Chuang Tzu*(Shambhala, 2004/ 초판 New Directions, 1965)〕 — 동양에 관심이 많은 서양인 신부가 지은 책이다. 저자는 『장자』를 읽고 느낀 바를 시의 형태로 번역해놓았다.

④레이먼드 M. 스멀리안 지음, 박만엽 옮김, 『도는 말이 없다』(철학과현실사, 2000)〔Raymond M. Smullyan, *The Tao is Silent* (Harper & Row, 1977)〕 —수리논리학자인 저자가 도가철학의 의미와 가치를 독특한 관점에서 풀어낸 책이다. 매우 날카로운 유머가 숨어 있다.

2010년 5월

조영렬

書物
誕生

장자, 닭이 되어 때를 알려라

초판 인쇄 2010년 6월 7일
초판 발행 2010년 6월 15일

지은이 나카지마 다카히로
옮긴이 조영렬
펴낸이 강성민
기획부장 최연희
편집장 이은혜
마케팅 신정민
온라인 마케팅 이상혁 한민아

펴낸곳 (주)글항아리 | 출판등록 2009년 1월 19일 제406-2009-000002호

주소 413-756 경기도 파주시 교하읍 문발리 파주출판도시 513-8
전자우편 bookpot@hanmail.net
전화번호 031-955-8891(마케팅) 031-955-8898(편집부)
팩스 031-955-2557

ISBN 978-89-93905-28-1 03100

글항아리는 (주)문학동네의 계열사입니다.

이 도서의 국립중앙도서관 출판시도서목록(CIP)은 e-CIP 홈페이지(http://www.nl.go.kr/ecip)에서
이용하실 수 있습니다.(CIP제어번호: CIP2010001942)